万卷·人物

我寄人间雪满头

李清秋 著

白居易诗传

北方联合出版传媒(集团)股份有限公司

万卷出版有限责任公司

ⓒ 李清秋　2024

图书在版编目（CIP）数据

我寄人间雪满头：白居易诗传 / 李清秋著. — 沈
阳：万卷出版有限责任公司，2024.2
（万卷·人物）
ISBN 978-7-5470-6385-9

Ⅰ. ①我… Ⅱ. ①李… Ⅲ. ①白居易（772—846）—
传记②白居易（772—846）—唐诗—诗歌欣赏 Ⅳ.
①K825.6②I207.227.42

中国国家版本馆CIP数据核字（2023）第201684号

出 品 人：王维良
出版发行：北方联合出版传媒（集团）股份有限公司
　　　　　万卷出版有限责任公司
　　　　　（地址：沈阳市和平区十一纬路29号　邮编：110003）
印 刷 者：辽宁新华印务有限公司
经 销 者：全国新华书店
幅面尺寸：145mm×210mm
字　　数：180千字
印　　张：8
出版时间：2024年2月第1版
印刷时间：2024年2月第1次印刷
责任编辑：朱婷婷
责任校对：张　莹
装帧设计：Amber Design 琥珀视觉
ISBN 978-7-5470-6385-9
定　　价：39.80元
联系电话：024-23284090
传　　真：024-23284448

目录

2

序　言

　　唐代诗歌大家浩如繁星，白居易是其中最"平易近人"的一个。

　　凭借无数脍炙人口的诗篇与文学著作，白居易在唐朝诗坛中获得了举足轻重的分量。他因《长恨歌》而"封神"，《琵琶行》更是成为千古绝唱，至于那首博取了无数读者眼泪的《卖炭翁》，则是用最通俗的语言做了最辛辣的讽刺。

　　或许，唯有丰富的人生经历、耿直与浪漫并济的个性，才能让白居易笔下的诗句直击读者的内心，才能让他的作品成为宝贵的文学遗产。

　　世人为白居易冠上"诗魔"的头衔，皆因他酷爱吟诗，哪怕课业再忙，他也要挤出时间来琢磨诗句，以至于"口舌成疮，手肘成胝"。于是，当他吟出"唯有诗魔降不得，每逢风月一闲吟"这样的诗句，世人便从此觉得，没有任何一个名号比得上"诗魔"更能贴切地形容白居易对诗句的狂热。

　　在唐代诗坛，白居易的地位仅次于李白与杜甫。若论人生的精彩程度，白居易与任何人相比都毫不逊色：落魄的书香门第、颠沛流离的逃难童年，都让白居易过早体会到生而为人的辛酸。正因如此，他有比寻常文人更强的共情能力，五十余首新乐府诗，没有矫揉造作的辞藻，却句句戳人肺腑，令闻者无不动容。

诗歌浅显易懂，正是白居易的毕生所求："野火烧不尽，春风吹又生""在天愿作比翼鸟，在地愿为连理枝""同是天涯沦落人，相逢何必曾相识"……他的诗句，就连普通老妇都能听懂，所谓雅俗共赏，正当如此。

坎坷的人生开端，并未给白居易换来平顺的后半生。他曾三登科第，成为唐代科考场上的传奇，也曾官拜翰林，仕途中尽显风光。然而，他也因秉性刚直，得罪权贵，惨遭贬谪，却能在贬谪期间享受清贫，造福一方百姓。

他终究是一个充满了生活情趣的诗人，再坎坷的人生，都能被他过得有滋有味。或许，唯有性格纯净的人，才能更好地感知人生的悲欢离合吧！一尘不染的灵魂，也是白居易一生正直的基石。因为正直，他不惜抨击昔日至交元稹，皆因登上相位前后的元稹，已不再是曾经那个刚正不阿的纯良之人。哪怕是曾经的知己，白居易也不愿包庇，苟且中求来的荣耀，他不屑一顾。

人生的苦与乐，白居易都曾感受到极致，即便如此，他依然是那个笑对苦难、在荣华面前云淡风轻的吟诗之人。他的乐观，总能让他轻易忘掉生命中的苦痛，哪怕因耿直遭人嫉恨、中伤，也不曾为此更改半分。

白居易的世界里，开满绚烂的繁花，他不容许阴暗的种子在自己的世界里发芽。于是，他成为朋党之争的调和者，用这样一种最不讨巧的身份，调解着党派之间的冲突。如同一位辛勤的花匠，耐心拔掉花园中茂盛的杂草，只为目之所及之处，皆是姹紫嫣红的美好。

他又是一个"贪心"的人，诗与酒、交游与朋友，白居易一样都不肯舍弃。哪怕将国家兴亡视为己任，白居易依然没有忘记从冗杂的公事中寻求活着的快乐。似乎从始至终，无论是居于高位，还是跌落尘埃，白居易都从未落魄过。

第一章

生而流离·泪眼凌寒冻不流

居简易之所，修鸿鹄之志

唐代宗大历七年（772 年），注定是纷乱的一年。安史之乱的硝烟尚未散尽，藩镇割据愈演愈烈，关中地区的百姓已无片刻安宁可享。回纥使者擅自出鸿胪寺，于京师街市间掳人子女，又率三百骑兵进犯金光门、朱雀门，唐代宗李豫好不容易将此事平息，幽州又传来军乱的消息：节度使朱希彩被杀，将士们拥立朱泚为节度使……

似乎是不忍心目睹百年盛唐于乱象中走上衰亡之路，大文豪元结与贾至不约而同地于同一年溘然长逝。然而生命之伟大，正在于其生生不息。同样是在这一年，一个崭新的生命降生在河南新郑东郭村，响亮的啼哭声仿佛是在向整个世界宣告，华夏历史上又将增添一个被永世铭记的名字。

就在男婴出生那一刹那，他的父亲白季庚依稀听见府内有乐声绕梁，当晚便做了一个梦。梦中，他来到了仙界，一位鹤发童颜的老寿星手执经书，飘然立于远处的凉亭中。白季庚立刻奔走过去，跪于仙人脚下，请仙人为自己指点迷津——为何儿子降生时会有乐声出现？难道此子注定一生不凡？

老寿星虽和蔼，却不肯泄露天机，只缓缓开口，给白季庚讲起一个故事：传说黄帝当年驾临新郑东郭村，见一高士居于陋室之中修炼，瓢泼大雨从破旧的屋顶漏入室内，高士却浑然不觉。黄帝本想为高士修葺居所，却遭到高士婉拒。无奈之下，黄帝只得在陋室旁栽下一棵松柏，之后便离开了。松柏渐渐长成参天大树，遮蔽陋室屋顶，从此，再也没有滴雨落入室内。高士感念黄帝恩情，便辅助黄帝一统天下。

当白季庚从梦中醒来，老寿星所讲的故事依然清晰地留在脑海里，他不禁端详在一旁熟睡的婴儿，白嫩的小模样怎么看都不像是会成为一个带兵打仗的将军，反倒更适合做一名居于朝堂的文臣。白季庚再反复琢磨梦中的故事，老寿星口中的那名高士，不正是协助黄帝一统天下的文臣吗？或许这就是这个梦真正的寓意？说不定他的儿子将来也会成为文臣，协助李唐王朝实现复兴的伟业。

不知不觉间，白季庚端详儿子的目光增添了殷切的期盼。夫人陈氏在一旁柔声呼唤，让他帮儿子取一个名字。白季庚喃喃道："居简易之所，修鸿鹄之志。不如我们的儿子就叫'居易'吧！"

白家位于东郭村的宅院，虽不似白季庚梦中高士居住的那样简陋破败，却也算不上气派，只不过比普通的农舍宽敞一些而已。其实，白家的祖屋原本位于下邽（今陕西省渭南市临渭区），当年，白季庚的父亲白锽时任河南巩县（今河南省巩义市）令，在藩镇割据的局势之下，白锽毅然决定举家迁往民风淳朴、远离战乱的新郑。白锽一生为官清廉，积蓄微薄，只够在东郭村置下七八间屋舍、五六亩庭园。文人多好风雅，白锽竭尽所能地为这座宅邸赋予更多的诗意：小桥流水、曲折回廊、朱门斗拱……倒也真的让这里成为一处辞官归隐的好去处。

白季庚是白锽的长子，继承了父亲的文采与博学，却没能在仕途上走出一片广阔的天地。年过四十，也只是宋州（今河南省商丘市睢阳区）一带的小官，靠微薄的薪俸养活一家人。白居易不是白季庚的第一个孩子，他上面还有一个哥哥，名叫白幼文。两个嗷嗷待哺的孩子，是父母甜蜜的负担，白居易的出生，让这个本就不算富庶的家庭又多了些许压力。

白季庚与父亲白锽一样，只懂得为官清廉的道理，从不为名利所驱使。因此，白居易从一降生，就注定要像父亲和祖父那样，凭借自己的努力修身齐家，日后的人生之路是坦途还是坎坷，都要靠他自己的一双脚去走。

还是婴儿的白居易，用一双懵懂而又明亮的眼睛看着周遭的世界，他尚且不懂生而为人的艰辛，一抹稚嫩的笑容在白嫩的小脸儿上绽放着，两张慈爱的脸庞出现在他的视线里，此后余生，他的幸福与不幸，都与这两张脸庞的主人，也就是他的父母，有着千丝万缕的关系。

纷乱的尘世里，河南新郑东郭村算是难得平静的一隅。在这里，白居易无忧无虑地一天天长大，他眼中灵动的神采更是引来长辈们无限怜爱。

白家远祖乃秦国名将白起，其二十七代孙白建，官至北齐五兵尚书，赠司空；白家上祖白志善之子白温，曾官至朝散大夫兼检校都官郎中，可谓显赫一时。到了白居易祖父白锽这一代，官职虽不似祖辈那般显赫，但也曾担任过洛阳主簿、酸枣县令、滑台节度使等职。

到白居易出生时，白家虽不复昔日的辉煌，书香却依然缭绕。白居易六七个月大时，乳母经常抱着他，指着书屏上一些笔画简单的字重复念给他听。尚且不会说话的孩童咿咿呀呀地应和着，乳母笑着轻捏他水嫩的小脸，柔声问："咿咿呀呀了半天，还真的认字了不成？哪一个是'之'字啊？"

乳母只当是闲来无事和婴孩儿说话解闷，没想到白居易竟然真的伸出小手，不偏不倚地将一根手指放在书屏的"之"字上面。笑容瞬间在乳母的脸上凝固了，她既惊讶，又不敢相信，认为这不过是巧合，便又问了一句："哪个又是'于'字啊？"白居易再次伸出小手，准确地落在"于"字上头。

这下，乳母彻底惊呆了，她赶忙将这件事告诉白居易的母亲陈夫人，又当着陈夫人的面再次验证，白居易果然都指对了。

白家出了个"神童"的消息瞬间传遍了大街小巷，有人说，白居易是投胎时带来了前生的记忆，也有人说，这是灵童转世，天生有灵根。消息传得神乎其神，一家人更将这个天生聪慧的孩童如珍如宝地宠爱着，尤其是外祖父陈润，是有名的诗作大家，时常抱着白居易在陈府中四处走动，逢字便指给白居易，教他认读，小小的孩童竟然真的就这样记住了陈府中目之所及的每一个字。

外祖父发现，每当自己吟诗的时候，白居易便显得格外专注。一个连字音都发不出来的小娃娃，竟然跟着外祖父吟诗的节奏，小嘴一动一动，仿佛已能感知到诗文的韵律。

在诗书的熏陶下，转眼，白居易来到这个世界已第三个年头，他早已学会了说话，吐字清晰伶俐，就连他自己也数不清，从咿呀学语到如今，已经认得了多少字，听过多少诗。他不仅认字，更知晓每个字所代表的含义，尤其是家人的名字，每个人的名字都有一定的典故与来历。就比如祖父白锽名字中的"锽"字，本是皇帝专用的武器，正因白氏先祖白起是武将出身，被秦王赐予过皇家兵器，荣耀子孙，这便是祖父名字背后的含义。

小小的孩童，已懂得因出生在这样的家族而荣耀万分。只可惜，从出生到现在，白居易与祖父见面的次数实在有限。祖父在京城长安做官，一年最多只能来东郭村一次。有限的相聚，让白居易只记得祖父的大致身形，至于容貌，实在是记不清了。

白居易三岁这一年，祖父白锽突然在京城病逝，他尚且不懂什么叫作死亡，只是看到父母伤心落泪的样子，便隐隐觉得，死亡是一件让人难过的事情。父亲哭着告诉白居易："你再也见不到祖父了。"白居易便努力在脑海中回忆祖父的模样，却无论如何都没能将有限的记忆拼凑出一张完整的脸。

但不知为何，一首诗却在他脑海中清晰地浮现了出来："丈夫不感恩，感恩宁有泪？心头感恩血，一滴染天地。"那是外祖父陈润在与祖父对坐饮酒时吟出的诗，白居易记得，祖父听到这首诗时频频点头，时而深思，细细品味诗中的妙义。白居易尚且不知道什么叫好诗，因为觉得祖父喜欢，便应该是好诗吧，于是便把外祖父的这首诗熟记于心。

自从祖父病逝，白居易发现父亲不再像从前那样忙碌了。他不再频繁往返于新郑与宋州之间，而是彻底留在家里陪伴妻儿。白居易并不知道，白季庚是在为父丁忧，朝中官员若有父母离世，便要暂离官职，丁忧三年。对于白居易来说，这反而是件开心的事情。父亲日日在家中，陪他玩耍，陪他读书，为他讲解书中的道理，讲解诗词的妙义。

从父亲的口中，白居易听到李白、杜甫这两个名字。父亲说，他们都是最富文采的诗人，一个是"诗仙"，一个是"诗圣"，光是"仙""圣"二字，就足以见得世人对李白、杜甫二人诗作的尊崇，白居易央求父亲讲他们的诗，讲过之后，便捧着他们的诗作反复研读，废寝忘食。

当白季庚三年丁忧期满，白居易的诗歌造诣已经远远超过同龄的孩童。他不仅会读诗，会评诗，更会自己作诗。七八岁时，白居易便时常独自游走在村庄里，别人眼中再寻常不过的田园风光，化作他心中唯美的字句。

如果人生可以选择，白居易一定宁愿停留在当年的岁月。至少，那时的一草一木，都是生动优美的，就连空气里都弥漫着清甜的气息。

烽烟容不下诗意

命运似乎很少对世人露出温柔的一面，所谓岁月静好，往往倒像是命运心血来潮的偶然为之。畅游于田野间的孩童，随着年岁的增长，竟然也逐渐感受到了现世并不安稳。

李白与杜甫的诗陪伴着白居易成长的岁月，如果说，白居易从李白的诗中读出了盛唐的繁华，那么，从杜甫的诗中，白居易则读出了盛唐的危机。杜甫曾在《春望》一诗中写道：

> 国破山河在，城春草木深。
> 感时花溅泪，恨别鸟惊心。
> 烽火连三月，家书抵万金。
> 白头搔更短，浑欲不胜簪。

深深的悲怆在诗句中弥漫，年仅七岁的白居易透过杜甫的诗句，仿佛也能感受到一代王朝从巅峰走向衰颓的悲哀。他特意向父亲请教过这首诗背后的故事：那一年，安史叛军攻进长安，在城中四处抢掠，又放火焚城。曾经繁华壮丽的京城，在大火中沦为废墟。杜甫将妻子安置在鄜州（今陕西省富县）羌村，自己却在北赴灵武的途中被俘，押送至已经沦陷的长安。当时正值暮春时节，年过五旬的杜甫触景伤情，便写下了这首五律诗。

父亲为白居易讲解这首诗时，脸上也带着悲怆的神情。山河虽然依旧，一国都城却已经沦陷，且被烧成废墟，杂草丛生，哪里还有半点昔日繁华的景象？本应是草长莺飞、鸟语花香的春日，如今却只剩满目凄然。然而毕竟是春日，几朵春花稀疏地绽放着，这样零星的色彩，反而更让杜甫伤怀；偶尔的几声鸟鸣，也令他听出悲伤的音调。

正在经历国破家亡的人，是快乐不起来的。战火绵延了整整一个春天都没有结束，身为俘虏的杜甫得不到家中妻儿的消息，若是在此时得到一封家书，实在比万两黄金还要珍贵。满头浓密的青丝在焦虑中变成稀疏的白发，就连簪子都插不住了。杜甫诗中流露出的无奈与忧愁感染着白居易，小小年纪的他便已懂得，烽火之中，遭殃的永远是没有权势与地位的普通百姓。

就在白居易成长的年代，日渐衰颓的李唐王朝并没有丝毫好转的迹象。朝廷对于藩镇势力几乎毫无管制能力，一块块原本属于朝廷的土地被割据成独立的"王国"，藩镇之间为了争夺土地而不断开战，河南也逐渐受到战火的波及，变得不再安稳。

若说在这隐患重重的日子里唯一的好消息，便是白季庚升迁了。建中元年（780 年），他被授予彭城（今江苏省徐州市）县令一职。然而，白氏府邸并没有像想象中那样充斥着喜悦的气氛，因为彭城的局势正日渐紧张起来。

建中二年（781 年）秋，割据河南十余州的平卢节度使李正己新丧，其子李纳令叛军扼守徐州埇口，企图断绝汴河运输航道，之后再图谋向东占据江淮。一时之间，朝廷没有应对良策。

时任徐州刺史的李洧是李纳的堂叔，原本正在为朝廷与李纳之间无法抉择，白季庚极力劝说，终于让李洧下决心归顺朝廷。李纳因此更加愤怒，派出两万精兵攻打徐州。白季庚与李洧困守徐州及埇口城，城中无一兵一卒，白季庚便发动百姓戍城，集结出一支上千人的队伍。白季庚又亲自站上城楼，在前线指挥作战，昼夜不敢松懈。一连坚守了四十二天，各路救兵才终于赶到，将叛军击退。汴河运输航道重回通畅，徐州一郡七邑及埇口三城终于摆脱战火纷扰，重归宁静。

白季庚因护城有功，被唐德宗李适破格提升为朝散大夫，官职由彭城县令升迁为徐州别驾，同时兼任徐泗观察判官，赐予五品以上官员才有资格佩戴的绯鱼袋。

那一年，九岁的白居易已懂得为国家兴亡而喜忧，同样也因父亲的升迁而雀跃不已。然而，欢喜的背后，总有隐忧，白季庚因护城有功而升迁，却同样因替朝廷守城而遭到叛军的痛恨。叛军首领李纳不便向身在徐州的白季庚报复，便把主意打在他远在河南新郑的家人身上。

一天夜晚，白家的厨房突然燃起大火，火势凶猛，幸亏白居易正在挑灯夜读，及时发现火势，喊来家中所有人以及乡邻一同救火。所幸大火被扑灭得及时，除了厨房之外，白家其余屋舍完好无损。可是，这一场突如其来的大火有些不同寻常，有乡邻说，曾看见几个陌生人骑马从这里经过。虽然无法验证就是李纳的人来白家放火，但白季庚的妻子陈氏已隐隐担忧，或许再也无法在东郭村平静地住下去了。

陈氏立刻写信给丈夫，将家中着火一事告之，白季庚当即决定，将妻儿接到自己身边。那时，白居易已经有了两个弟弟，一个小名金刚奴，大名白幼美；另一个小名阿怜，大名白行简。收到白季庚的书信，陈氏立刻打点家中财物，准备带着四个儿子远走避难。

对白居易而言，河南新郑东郭村，就是他的故乡。他在这里度过了十一年的岁月，此去一别，是否还有机会回来，无人知晓。遥远的徐州，是个充满了未知的地方，好在，那里有父亲，一家人可以在那里团聚。

带着憧憬而又不舍的复杂情绪，白居易跟随母亲踏上了避难之路。因为藩镇割据的烽火蔓延，不只白居易一家，东郭村的许多百姓也都纷纷携家带口，远走逃难。

宁静的童年，在纷乱中一去不返。此后，白居易无数次在梦中回到位于东郭村的白氏宅邸，那里草木依旧，只是，曾经住在那里的人，却再也没能找回昔日静谧的心境。

逃难的路上，满是忧伤与憔悴的面容。白家一行人好在还有马车可坐，许多百姓只能徒步行走，磨穿了鞋底，磨破了双脚，小孩子又累又饿，坐在路边哇哇大哭，父母有气无力地想要哄孩子止住眼泪，却一不小心让自己的眼泪决堤。

一路上，白居易帮着母亲照顾两个年幼的弟弟，旅途的颠簸连大人都吃不消，更何况两个不足十岁的孩子。白居易发现弟弟金刚奴的身体越来越虚弱，不知是得了什么病。可一行人走在荒无人烟的山路上，根本无处求医问药。一家人轮番照料虚弱的金刚奴，可惜还是没能从死神手中夺回他的性命。

这是白居易第一次亲眼见到亲人的离开，此刻，金刚奴双眼紧闭，像极了熟睡时的模样。可是，他小小的胸膛再无起伏，再也不能像从前那样一觉醒来活蹦乱跳地拽着哥哥四处玩耍，好像有使不完的力气。

距离徐州路途遥远，一家人甚至无法将金刚奴带去徐州安葬，只得草草将他葬在路边，纵然心中万般不忍，也只得让这个可怜的孩子从此沉睡在荒冢之中。安葬金刚奴的整个过程中，白居易的视线都是模糊的。他控制不住自己的眼泪，一股悲伤的情绪在他胸中翻涌着，怎么都消散不去。直到一家人再次启程，白居易还是忍不住抽噎着。他觉得，即便是平安赶到徐州，一家人终究还是不再完整了。

直到来到距离徐州不远的符离（今安徽省宿州市埇桥区），一家人还是没能彻底走出忧伤的情绪。白季庚已经在符离置下一处居所，让全家人暂住。符离虽是一座小城，但风景却比东郭村秀丽许多。郸湖水波粼粼，缓缓穿城而流，清风徐徐吹在脸上，家人逝去的忧伤这才终于被冲淡了些许。

这是一段崭新的生活，除了有崭新的风景，还有崭新的人。小孩子交朋友总是格外容易，来符离不久，白居易就和周遭的孩子们打成一片。其中有一个邻家七八岁的小女孩儿，名字叫湘灵，嗓音甜美，活泼乖巧，容貌俏丽，白居易尤其与湘灵格外交好，两小无猜，十分亲密。

湘灵虽出生在农家，但十分知书达理，与白居易有聊不完的话题。她喜欢看白居易作诗时的样子，稚嫩的眉头微微锁起，低头沉思的样子令人动容。白居易喜欢湘灵婉转的歌声，他说，要让湘灵演唱自己所有的诗作，只有湘灵的嗓音才能让他的诗句显得更有情致。

纯澈的情愫，在两个少年人身上暗暗流淌，然而，白居易的母亲觉察到了儿子与湘灵似乎格外亲密，十分不悦，她希望白居易能趁年少光阴苦读诗书，像祖辈一样获得功名，若是过早地被儿女私情绊住，恐怕将来难成大器。

母亲陈氏严肃地将白居易叫到一旁训斥，聪明的湘灵明白陈氏的意思，一连几天没有出现，白居易也日日守在书房，与诗书为伴，然而，思念却在心中渐渐滋长。他以为，只要自己足够刻苦，母亲便会准许自己与湘灵见面，可惜，一封由叔父白季康写来的信，让白居易与湘灵从此天各一方，再难重逢。

望断故园乡泪流

对于少年人而言，漂泊于四海并非豪情，而是一种无奈。若可以选择，哪个孩子不愿窝在父母怀里撒娇？尤其是刚刚痛失弟弟的白居易，更是觉得一家人能团聚在一起的日子实在太珍贵。

可惜，珍贵的光阴总是易逝，时任溧水（今江苏省南京市溧水区）县令的叔父白季康在书信中写道，徐州乃是军事重镇，战火不断，已无宁日，如今唯有吴越一带没有烽烟，他虽俸禄微薄，却愿意尽力抚养一个侄子，希望哥哥白季庚能尽早选择一个儿子赶往溧水，保其周全。

叔父的话不无道理，徐州的确并非安全之所，如果有朝一日烽烟再起，白季庚一家很难保全自身。不如趁战争暂时平息，把一个孩子送到安全的地方，至少能为白家多保留一点血脉。

此去吴越路途遥远，年纪小的孩子很难经受住沿途颠簸，因此，白季庚希望最年长的白幼文前往。可是，白幼文觉得一家人团聚来之不易，宁愿身处危险之地，也不愿再与家人分开。

白居易也不愿离开家人，可是弟弟年纪还小，哥哥又执意不肯，如今最适合的人选只剩下他一人。父亲也觉得，三个儿子之中，白居易学问最好，或许日后光耀白氏门庭的重任真的非他莫属。

母亲最疼爱白居易，她虽不舍，却也知道江南是文化繁荣之地，白居易在那里一定能增长学问和见识，对他而言是再好不过的事情。

纵然千百个不愿、不舍，白居易还是被命运推动着走出了符离。能去往繁华富庶的江南，或许是命运的恩赐，但让一个只有十一岁的孩子从此离开父母至亲，离开刚刚建立起感情的新朋友，不能不说着实是件残忍的事。

一场漂泊刚刚结束，又猝不及防地开始又一场漂泊。他尚且是一只雏鸟，便要独自迎着风霜飞翔。没有父母能舍得让子女受半点儿伤，可是为了护他余生周全，也只能忍痛送他独自远行。

母亲依依惜别的话仿佛永远也说不完，白居易也希望母亲能再和他多说说话，让他在家人身边的时间再久一些。可即便再不舍，启程的日子还是临近了。建中四年（783年）冬天，身躯尚且单薄的白居易独自踏上了前往吴越的艰难旅程，稚嫩的脸上满是泪痕。

经历颠簸的旅途，能够抵达一个幸福的终点，便已经是命运极大的馈赠。白季康有两个儿子，长子白崇嗣时任杭州淤潜尉，次子白传规时任遂安（今浙江省淳安县内）县尉，这两个哥哥都待白居易极好，叔父更是将他视如己出。

对父母的强烈思念，在叔父的疼爱中一点点被抚慰，渐渐地，白居易习惯了在江南的生活。这里的确是繁华富庶之地，汇集了万千学子，汲取学问，开阔眼界。白居易没有一日敢松懈，比从前更加勤奋苦读，短短三年过后，学问便大有进益。

三年的光阴，足以将稚嫩的孩童雕琢出少年的模样。十四五岁的白居易，脸上已隐约看得见少年人特有的棱角，算不上硬朗，却称得上俊秀。他的身形也修长了许多，曾经纤瘦单薄的肩膀也结实了不少，举手投足间，已有了读书人特有的儒雅气韵。

所谓读万卷书，行万里路，胸有大志的读书人，更应走出书房那一方狭小的天地，看一看江山的辽阔。叔父欣赏白居易的勤奋好学，更希望他日后能有一番大作为，便鼓励白居易走出家门，漫游江南，欣赏一下江南风物。

临行之前，白居易托人给远在徐州的哥哥和弟弟带去一封书信，信的内容不长，唯有一首诗寄托思念之情：

江南送北客，因凭寄徐州兄弟书

故园望断欲何如！楚水吴山万里余。

今日因君访兄弟，数行乡泪一封书。

来到溧水之后，白居易时常朝着徐州的方向遥望。回想离开徐州的那一天，他也像这样，不断地望着家的方向。直到家人的身影越来越小，最后消失在视野里，他还是不断地回头张望。

一别三年，唯有书信维系着白居易和家人之间的联系，他们兄弟关系本就很好，许多书信都是单独写给哥哥和弟弟的。他拜托北上的客人帮自己把书信交到哥哥和弟弟手中，顺便探访一下他们，让他们知道自己即将漫游江南的消息。

贞元三年（787年）春天，十五岁的白居易独自一人踏上了旅程。自小离家，他早已习惯了独自照顾自己，这一次远游，叔父本打算派人陪着他，被白居易执意拒绝了。他喜欢一个人行走在路上的感觉，不受任何人的情绪干扰，把整个灵魂都融入周遭的环境里，用心去聆听人间的喜乐与哀愁。

叔父为白居易带足了盘缠，生怕他旅途中衣食不足。白居易早就想去金陵（今江苏省南京市）见识一番，那里曾是古时楚国的都城，文学昌盛，人杰地灵。于是，他将金陵城当作自己此番远游的第一站，一入金陵，白居易便不禁感叹，自己实在是来对了地方。

繁华的金陵城，一草一石皆是风景，城中树木郁郁葱葱，带着江南的灵秀之气。城东有钟山横卧，城南有秦淮河流淌，城北有玄武湖璀璨，一座石头城扼守长江，虎踞龙盘，一派王者之气。

白居易登上江楼，俯瞰金陵盛景。这里是不受烽烟侵袭的人间仙境，他太希望这世上永无战争，此刻的金陵，才是人间该有的美好模样。江楼之上，白居易借诗抒怀：

江楼望归（时避难在越中）

满眼云水色，月明楼上人。

旅愁春入越，乡梦夜归秦。

道路通荒服，田园隔虏尘。

悠悠沧海畔，十载避黄巾。

　　四通八达的道路就在白居易脚下，唯有像金陵这样繁华的地方，才有条条平坦的大路，哪怕再偏僻的地方也能到达。这里田园静谧，丝毫没有战火的侵袭，他独自一人在这里避难，却总能在午夜梦回，与父母兄弟团聚。

　　离开家的每一天都是思念，白居易早已习惯带着思念上路。"上有天堂，下有苏杭"，他的下一个目的地，便是苏杭二州。

　　白居易最敬仰的诗人韦应物当时正在苏州担任刺史，且在那里办了一座学馆，里面有学生数百人，大多出身富贵，学馆里的先生也个个学识渊博。此番来到苏州，白居易特意来学馆见识了一番。那是一座无比气派的建筑，宽阔的院落仿佛一座城中城。一张张红榜赫然张贴在院子里，上面是学馆里考中进士的学生名字。对读书人而言，一朝金榜题名，才是最终的梦想。

　　来学馆读书，成为白居易可望而不可即的梦。这里的学生非富即贵，在学馆读书的费用不是一笔小数目。叔父微薄的薪俸供自己衣食住行已是不易，哪里还拿得出额外的钱送自己来苏州读书？

　　既然明知是梦，就不要流连其中了。结束了苏杭之行，返回溧水，已是冬季了。大半年的旅行，让白居易收获颇丰。或许是旅途劳顿，一回到叔父家，白居易便病倒了。

　　这一年，江南难得落雪，皑皑白雪覆盖大地，一片纯净。或许是病中脆弱，再加上新年将至，白居易对家人倍加思念。

冬至的前一夜，在当时称作"除夜"，那天晚上，病中的白居易独自一人对着孤灯，对家人的思念不能自已。

那时的人们觉得，冬至一过，便是新年。白居易已经整整三个新年没有和父母兄弟一起过了，一想到这些，忧伤便在心头滋长。一别经年，相隔万里，有多少个夜晚，他都是这样伴着一盏孤灯度过的。尤其像这样的时刻，新年将至，缠绵病榻，回家的念头愈发强烈。想到年幼的弟弟和妹妹，白居易更加难过。他们虽然有父母陪伴照料，却也是自幼背井离乡，就像此刻身在溧水的自己一样，都是羁旅上的人罢了。只希望弟弟妹妹都能健康长大，也希望自己能在功名上有所建树，那时候，想必兄妹几个可以重聚了吧。

对着孤灯，病中的白居易提笔，写下自己的思念：

除夜寄弟妹

感时思弟妹，不寐百忧生。

万里经年别，孤灯此夜情。

病容非旧日，归思逼新正。

早晚重欢会，羁旅各长成。

这一场病一直到转年才日渐康复，卧病期间，白居易梳理了自己的思绪，反复思量自己未来要走怎样的路。从小，父亲便教诲他"居简易之所，修鸿鹄之志"，白居易也总是将"兼济天下"的抱负挂在嘴边。究竟要如何"兼济天下"？直到这一次从苏杭归来，白居易才真正开始思考。尤其是到苏州学馆见识一番，白居易更加坚定，自己一定要考取功名，走上仕途。

　　既然如此，便不能永远蜗居在溧水这样的小地方，就连苏杭也无法实现他考取功名的梦想。他只能去京城，去天子脚下，像当年的李白一样，四处干谒，让京城的达官显贵们了解自己的才华，记住自己的名字，这样才能向仕途迈近一步。

名赋动京城

在风雨中独自成长起来的孩子，不得不靠自己打算前途。白家虽是书香门第，却并非显赫豪门，祖辈的荫庇早已不在，若想得到一星半点儿的功名，都必须靠自己发奋。

长安，是权力的中心，天子脚下，遍地达官显贵，人才汇聚。干谒权贵，几乎是唐代文人在求取功名之前必要的经历。若是能获得达官显贵的赏识、举荐，即便不能立刻获封官职，至少能在权贵们的心目中留下印象，日后才有升迁的机会。

白居易虽年少，却不糊涂。"兼济天下"是他心中宏愿，为了一展抱负，他愿意在懂得赏识自己才华，且能操纵自己未来的人面前放低身段。

只是当时的中原，几乎大半都被叛军占据，若战事不停，白居易就算是插上翅膀，都很难从溧水飞到长安。幸而命运成全，当时自封为"天下都元帅"的叛军首领李希烈被手下毒死，淮西的战事突然便终止了。仿佛是上天为白居易打开了一扇通往仕途的大门，他就这样一路畅通无阻地走出了溧水，穿过曾经被叛军占领的地方，满怀希冀地来到长安城。

十六岁的白居易，尚且是一名少年。这是他有生以来第一次见到如此壮观的城市：大街小巷在他面前纵横交错，数不清的殿堂楼阁星罗棋布于街巷之间，从小到大，白居易都没有见过像长安城中这样鳞次栉比的建筑，街市上行人往来不绝，热闹非凡。更奇特的是，长安城还有许多大胡子、蓝眼睛的西域人，他们在街市上开起了店铺，专卖西域来的水果、葡萄酒，还有西域特色的器皿。

如此陌生却又新奇的地方，让白居易紧张而又兴奋。他在街市上逛了小半日，见识够了奇异的风土人情，便又将思绪拉回正经事上。这里的繁华与喧闹暂时与他无关，一切流光溢彩的景致，都要等到自己功成名就之后才有暇欣赏。此时此刻他最应该做的事情，是尽早见到能举荐自己的人。

在长安城中稍作安顿之后，白居易将自己悉心整理的诗文找了出来。这些诗文，是他才华的象征，对于他日后的前途有至关重要的作用。

白居易并不是盲目来到长安，临行之前，他已经选好了干谒的目标——长安城中极负盛名的诗人、当朝著作郎顾况。然而，当白居易来到顾况府邸门口时才知道，顾况大人不是那么容易见到的。

时人皆知，顾况是当朝宰相李泌的至交，因此坚信，若能得到顾况赏识，就等于间接获得了宰相的赏识。于是，顾况府邸每日门庭若市，从四面八方赶来的士子都希望能在顾况面前展露自己的过人之处。

白居易听说，顾况为人有些高傲，很少有士子能从顾况口中听到赞美之词。白居易并不奢望顾况能夸奖自己，即便不能获得举荐，能让顾况在诗文上给予些许指点也是值得的。

经过层层举荐，白居易终于手捧诗文，站在顾况的面前。他特意将自己最好的一件长衫穿在身上，可在京城这样富庶繁华的地方，还是显得有些寒酸。顾况的确像外界传言的那样高傲，他反复打量着白居易，这样的寒门学子他见多了，个个渴望通过自己的关系一朝飞黄腾达，但真正有才华的却寥寥无几。

从外貌上看，白居易和顾况之前见过那些想要来京城混饭吃的士子没什么区别，甚至还比其他人看上去憔悴一些。或许是赶路辛苦，又囊中羞涩，吃不好住不好吧！想到此处，顾况多少有些同情面前这个毕恭毕敬的年轻人，这才不紧不慢地开口，让他把准备好的诗文呈上来。

诗文的封面上，署着白居易的大名，顾况突然笑了出来，他之前根本懒得询问这个年轻人的大名，没想到，竟然是如此可笑的名字。顾况看了看名字，又看了看白居易，语带嘲讽："京城米价方贵，居大不易。"说罢才漫不经心地翻开封面，阅读里面的诗文。

刚读到开篇一首诗，顾况的双目便大睁起来，上面写道：

赋得古原草送别

离离原上草，一岁一枯荣。

野火烧不尽，春风吹又生。

远芳侵古道，晴翠接荒城。

又送王孙去，萋萋满别情。

这是白居易为了应考而准备的习作，按照科考规矩，凡是指定的诗题，题目前必须要加"赋得"二字，除此之外，诗文还要缴清题意，起承转合要分明，对仗要精工，整篇诗文还要空灵浑成，才算得上合格。

多年来，顾况读过不少为了应考而作的诗，因为规矩颇严，束缚颇多，鲜少有佳作产生。可是白居易的这首诗，却能处处合乎规矩，又处处清新脱俗。一开篇，他便破了题面"古原草"三个字，一句"离离原上草"，立刻将春草旺盛的生命力蓬勃地铺陈在纸面上。野草春荣秋枯，可白居易偏偏不写"荣枯"，而写"枯荣"，立刻形成了截然不同的意境。

当读到"野火烧不尽，春风吹又生"两句，顾况已经情不自禁拍案叫绝了。这两句完美地承接了上一句的"枯荣"二字，整首诗的意境就落在一个"荣"字上。他没想到，面前这个瘦弱憔悴的少年，竟有如此不甘沉寂的心境，哪怕身为野草，他竟也要以"荣"为目标，而不是像其他野草，落得枯败衰落的结局。

被毁灭固然痛苦，但若有顽强的生命力，哪怕只残存一点点根须，到了来年春日，又会蔓延生长，那便是再生的力量。如此深远的立意，白居易偏用最朴实的字句写出来，却又如此有力，唱叹有味，对仗工整，余韵十足。

到了五、六句，白居易又笔锋一转，将重点从"草"转到"古原"，又引出了题目中"送别"之意。原来，他并非为了写"古原"而写"古原"，这样一个大地回春的迷人景象之下，正在上演一场送别的场景，两相衬托，多令人惆怅！

淮南小山《招隐士》中有"王孙游兮不归，春草生兮萋萋"两句，说的是看见萋萋芳草而思念远游未归的人。白居易的"又送王孙去，萋萋满别情"便是将这两句变而用之，说的是看见萋萋芳草便增添送别的愁情，送别之意，就此彻底点清。

这样一首为了应考而作的命题诗，竟然被白居易融入如此真切的生活感受，别具一格，字字有情，简直堪称极品。顾况不禁再次抬头端详白居易，眼神中最初的不屑已荡然无存。他毫不掩饰自己对白居易的欣赏，说道："有才如此，居亦易矣！"

从那一日开始，白居易便成了顾况家中的常客，只要白居易写出好的诗句，便拿去给顾况点评。有了顾况的极力推荐，白居易的诗很快便在京城文人之间广泛传阅，白居易的名字也越来越为人所熟知。

十七岁那一年，白居易的《王昭君二首》在京城中被广为传抄，甚至有歌女将其谱成曲，争相传唱：

满面胡沙满鬓风，眉销残黛脸销红。

愁苦辛勤憔悴尽，如今却似画图中。

汉使却回凭寄语，黄金何日赎蛾眉。

君王若问妾颜色，莫道不如宫里时。

长安城是皇宫的所在，当年，王昭君也是宫中女子，天姿国色，却因为不愿贿赂宫中画师，容貌被画得平平无奇，没能受到汉元帝的青睐，被送往塞外和亲。白居易虽为男子，却同情王昭君的遭遇。他能想象到王昭君那绝世容颜被塞外的风沙折磨成什么样子：脂粉残褪，面容憔悴，或许就和当初画师在画中呈现的容貌差不多吧？她一定是渴望回家的，日日期盼汉元帝能用黄金将她从塞外赎回去，又不希望汉元帝知道此刻她的容颜已经消残，完全不似当初在皇宫里那般花容月貌。

白居易笔下的王昭君是哀怨的，正迎合了当时女子对王昭君遭遇的同情。在歌女们的浅吟低唱之间，京城几乎无人不知白居易的大名。

那年夏天，长安酷热难耐，人人买冰降暑，导致冰价奇高。可当卖冰的商贩得知白居易需要用冰，便用筐装满冰块送上门，且分文不取，足见当时的长安人对白居易的喜爱。

即便如此，白居易在京城的生活却并未改善许多。身上的钱只容许他住在城中最便宜、最简陋的居所，每日饮食少油寡水，身上的衣服可以蔽体，却不够御寒，再加上每日刻苦攻读，潜心科考，他的身体在不知不觉间越发虚弱起来。

贞元五年（789 年）正月十五，白居易独自一人在病中度过。窗外爆竹声声，街市上熙熙攘攘，是百姓们忙着在上元佳节观灯；窗内唯有一个卧病在床的人，对着一盏孤灯，思念远方亲人：

长安正月十五日

喧喧车骑帝王州，羁病无心逐胜游。

明月春风三五夜，万人行乐一人愁。

白居易对这座繁华的都城又爱又恨，这里处处是机遇，却不是谁都肯收留。他深深地意识到，顾况当初并没有说错，像他这样一个经济拮据、缠绵病榻、空有一身才华的人，想要在长安拥有一处长久的容身之地，实在是太不易了。

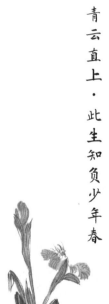

第二章

青云直上·此生知负少年春

再续情丝寥无期

一场艰难的抉择，正折磨着病中的白居易。是继续留在长安苦苦挣扎，还是回乡养病，他很难下定决心。他虽在长安有了一点小小的名气，却远不足以让他在这里安稳地生活下去。可如果就此离开，白居易并不甘心。

他有些埋怨自己病弱的身体，人在重病中，就连诗句都弥漫着沮丧的情绪：

病中作

久为劳生事，不学摄生道。

年少已多病，此身岂堪老？

这更像久卧病榻的老者发出的抱怨之词，哪里像出自十八岁正当年之人的口？可这就是白居易此刻的心境。就在他陷入两难境地的时刻，父亲的一封来信帮他做好了抉择。

父亲在信中说，家里生活日渐拮据，已无法维持他在长安的开支。纵然心有不甘，现实赤裸裸地摆在他面前，在京城无依无靠，是无法单凭诗才走上仕途的。出身寒门的学子，想要博取功名，唯有科举一条路可走。白居易决定，待身体恢复一些，便打点行囊返回符离，潜心苦读，准备应考。

贞元六年（790年）夏天，白居易拖着虚弱的身躯，长途跋涉返回符离。离开符离时，他还是个十二岁的孩子，再次回到这里，他已成人，心境也已完全不同。赶路的疲惫加上尚未康复的病体，从白居易脸上抹去了年轻人应有的朝气，但他心中那一团不甘平庸的火焰，将他的双目照得炯炯有神。

回到符离，白居易不顾身体的虚弱，便一头扎进书房埋头苦读。符离的清山秀水，他无暇欣赏，就连听说湘灵一家已远走他乡，他也顾不上沉浸在思念之中。读书占据了白居易大部分生活，他本就瘦弱的身体越发消瘦，手上因为写字磨出了细茧，口舌生疮，华发早生，人虽少年，却已显出老态。

与年轻学子们聚谈诗文，才是白居易仅有的消遣。符离当地时常举行年轻学子的聚会，白居易与当地著名才子刘翕习、张仲素、张美退、贾握中、贾沅犀成为好友，当时人称他们为"符离六子"。

他们六人时常一同泛舟郫湖，流连流沟寺，登五里山，举办诗酒会。"符离五子"是白居易求取功名途中的良师益友，那段岁月里，他们惺惺相惜，相互激励共勉，相继入长安应试，相继考取功名，这些都是后话了。

整整两年光阴，在诗书的字里行间蜿蜒流淌而过。白居易已彻底褪去年少时的青涩，有了翩翩君子的模样。无论走到何处，他必定随身携带一卷书，随时可翻阅，随处可用功。

又一年春风，旖旎了符离的风光。白居易最喜欢欣欣向荣的春日，蓬勃生长的万物，让他感觉周身有一股蓄势待发的力量，只等大考之日大展拳脚。他一门心思用在科举与功名上，浑然不觉自己已经到了该品尝爱情滋味的年纪。

从小到大，白居易亲近过的女子，唯有湘灵一人。那时他们年纪小，只知道两个人在一处玩耍开心，并不知何为情爱。自从回到符离，白居易脑海中偶尔会浮现出湘灵的面容。只是那张记忆中的脸还停留在七八岁的样子，如今一别近十载，不知湘灵现在已经出落成什么模样了。

那日从郢湖边读书归来，经过湘灵家门前，白居易发现那间长满荒草的院落竟然被收拾干净了。白居易正疑惑是什么人住了进来，一个十六七岁的女孩子便从里面走了出来。看到白居易站在门口，那女孩子先是一愣，之后便盯着白居易的脸端详起来。

直视女子容貌不是君子所为，白居易将目光垂了下来，可是面前女子的容貌却仿佛似曾相识一般。不出片刻，白居易突然意识到，面前的这个女子，不正是分别了近十年的湘灵吗？

湘灵显然也认出了白居易，猝不及防的重逢，让两人四目相对，眼中绽放着喜悦的神采，却谁都没有开口说一句话。

白居易面前的湘灵，已不再是个七八岁的小姑娘。她已出落得亭亭玉立，清丽脱俗，眉眼之间脉脉含情，有少女的娇羞。终究还是白居易先开了口，他轻唤着湘灵的名字，十载光阴背后的思念，伴着"湘灵"二字汹涌而来，白居易甚至已经能觉察到自己眼角的湿润，也清楚地看到，湘灵眼睛里早已泪花闪烁。

仿佛有万语千言等待诉说，又一时间不知该从何开口。思来想去，白居易最想知道的是这么多年来湘灵一家究竟搬去了何处。

湘灵说，他们搬去了越中的大海边，给那里的有钱人种地。因为父母年纪渐长，身体不好，再也干不动重活儿了，这才搬回来，以后就不走了。

一股悸动的情愫在白居易心头滋长，他说不清这是为什么，只要见到湘灵，仿佛周遭的世界都变得鲜活了起来。听说湘灵不走了，这座几乎令他看厌了的符离小城，一下子增添了许多新鲜感。

湘灵的笑容，如同冬日里的暖阳，熨帖着白居易那颗比同龄人苍老的心。他突然希望科考的日子不要那么快到来，让他在符离多待一段时日，多看一看湘灵的笑靥，多听一听湘灵的歌声。

每当读书累了倦了，白居易便会去找湘灵说一说话。她的声音温柔清澈，轻而易举便能扫清白居易的一身疲惫。他们时常相伴漫步于湖畔、田间，浓浓的爱意缭绕在二人身边，谁也不必挑明，便都能知晓，甜蜜萦绕于心头，展露于眉梢眼角。这样的爱情是青涩的，也是最经回味的。

可惜，白居易的母亲陈氏，并不希望儿子与湘灵有过多来往。白家虽不是大富大贵，却也是世宦人家，湘灵只是农家女，两家人算不上门当户对。更何况，自从湘灵搬回来，白居易留在书房里的时间比从前少了许多。陈氏担心，儿子一旦深陷情爱之后，会耽误科考，误了前程。

那一日白居易与湘灵漫步归来，远远地便看见母亲站在房前等候。白居易见瞒不过母亲，便只得硬着头皮上前，湘灵低头走在身后。

陈氏的脸色明显不好，然而毕竟出身诗书世家，她尽量克制着自己的情绪，语气中却还是透露出些许不悦。她当着湘灵的面斥责了儿子不专心读书，湘灵却听得出来，陈氏是在责怪自己耽误了白居易的前程。

从与白居易重逢的那一刻起，湘灵心中一直是忐忑的。她知道两人的家世并不般配，却无法克制自己对白居易的爱意。如今陈氏一番话虽没有责骂她半个字，却字字都像扎在她的心上。没等陈氏斥责白居易的一番话说完，湘灵已经觉得无地自容，含泪转身离开了。

白居易虽心疼湘灵，却不敢忤逆母亲。他垂头丧气地跟着母亲回家，一进家门，母亲便拿出了一封信，交给白居易。那是父亲写来的信，当时父亲时任襄阳别驾，信中说，希望夫人能早日带着三个儿子迁居襄阳，这便意味着，白居易与湘灵即将再次天各一方。

儿女婚事，父母之命，白居易没有勇气向母亲坦陈自己对湘灵的爱。更何况，他尚未考取功名，也不敢承诺一定能给湘灵幸福。他默默地返回房间，把自己关在里面。天色渐渐暗了下去，他不肯点灯。唯有在一片漆黑里，他才能让几滴眼泪顺着眼角悄悄流淌，然后再装作什么都没有发生。只是第二日清晨，他房间的书案上，多了一首诗：

潜别离

不得哭，潜别离。

不得语，暗相思。

两心之外无人知。

深笼夜锁独栖鸟，利剑春断连理枝。

河水虽浊有清日，乌头虽黑有白时。

唯有潜离与暗别，彼此甘心无后期。

只有白居易自己知道，那一天晚上，他的泪是如何在寂静无人的夜里绵延的。门第观念面前，他只得退让，纵然无奈，也无能为力。只是，与湘灵这次分别之后，重逢便是遥遥无期了。这样成灾的相思之情，他无处倾诉，也无法倾诉。唯有强压在心底，和着眼泪吞下。

他与湘灵青梅竹马，两小无猜，那是最纯澈的爱情，不掺一丝杂质。离别之后，或许还有重逢之日，可是白居易不敢确定，那时的他们，是否还能保留此刻对彼此的爱意。

把自己关在房间里的白居易，就像一只被锁在黑夜里独自栖息的鸟，属于他的爱人被残忍地毒杀，原本应该结成的连理枝，也被无情的利刃斩断。他的世界变得一片漆黑，就如同此刻的窗外，白昼被黑夜彻底吞噬。

乌黑的头发总有变白的一日，不知苍天是否有眼，能够成全少年人愿意与对方共白头的爱情。"湘灵"两个字，对白居易而言，已是刻骨铭心。只可惜，相思无果，两个有情人终究还是要分别，从此一转身就是天各一方，永不再见了。

纵然万般不甘心，白居易还是无力与礼法对抗。门当户对的观念深入人心，他与湘灵的感情只能不了了之。在封建礼法面前，白居易示弱了，最终选择了"潜离和暗别"。这首《潜别离》，便是他送给湘灵的诀别诗，他给不了湘灵余生的幸福，只能留给她一纸无奈与喟叹。

蛟龙破空，进士及第

　　带着疼痛上路，整段旅程都只能一个人独自疗伤。从符离去往襄阳的一路上，母亲和兄弟都在身边，白居易却感到孤独。他对湘灵的思念无人可以倾诉，这个世界上，恐怕没有什么事情能比无人理解自己的心事更加寂寞吧？

　　哥哥和弟弟显然比白居易兴奋得多，他们早就听说，襄阳有许多名胜，风光奇美，钟灵毓秀。其实，若不是因为和湘灵再难重逢，白居易对襄阳也是无限向往的。他最欣赏的诗人之一孟浩然曾在襄阳隐居，他很想踏着孟浩然的足迹走遍襄阳的山山水水。

　　或许，行走于山水之间，也能帮自己忘掉忧伤吧？这样想着，白居易一到襄阳，便立刻只身踏上孟浩然曾经走过的旅程：

游襄阳怀孟浩然

楚山碧岩岩，汉水碧汤汤。

秀气结成象，孟氏之文章。

今我讽遗文，思人至其乡。

清风无人继，日暮空襄阳。

南望鹿门山，蔼若有余芳。

旧隐不知处，云深树苍苍。

　　白居易对孟浩然既欣赏，又同情。孟浩然虽生于盛唐，有经世济民之志，可惜仕途困顿，经历几番痛苦与失望之后，还是无法做到对世俗诣媚，最终又回到故乡襄阳隐居。白居易欣赏孟浩然的风清恬淡，重走孟浩然走过的路，感受其一身飘逸之气，既是白居易对诗坛前辈的怀念，更是他在痛苦之中的自我放逐。

　　楚山与汉水，形成天地间一片青绿的美景，那是孟浩然诗句中最常出现的色彩，白居易仿佛是有意无意在模仿孟浩然的笔调，让自己的笔下也能呈现出清丽的诗风。襄阳的山水，是颇具气势的，清秀之下，难掩壮阔。一方山水养一方人，自幼生长于此的孟浩然，文风便如襄阳的山水，秀丽中带着豪情。

　　来襄阳之前，白居易曾拜读过许多孟浩然的作品，也曾借着这些诗句，隔着时空，与孟浩然有过心神的交流。或许就是这些诗句的力量，在无形中把白居易牵引到了此处，这便足以见得，孟浩然的诗句有着何等惊人的魅力。

　　或许是因为心怀哀愁，白居易行走于楚山汉水之间，情绪还是伤感的。他有些怅惘，如此秀美壮阔的山水，却再也没能孕育出像孟浩然一样的诗人，他的清淡畅逸，也许再无人可以继承了。这样想着，白居易的心境越发苍凉，就好像日暮时分，希望随着白昼的消失而被尽数带走，心里空落落的。没有了孟浩然的襄阳城，也仿佛失去了阳光的照耀，一派清冷之象。

白居易特意去了一趟位于襄阳城东南面的鹿门山，那里曾是孟浩然隐居的地方。鹿门山草木郁郁葱葱，不知已生长了多少年，有了孟浩然的踏足，留下余韵芬芳。

然而这也只是白居易的猜测而已，旧时隐者的踪迹早已无处可寻，这个世界上再也找不到像孟浩然一样能常作出清逸诗篇之人，对于白居易而言，这是令人失落的事情。目光所及之处，一片林木莽莽，像极了他心中的苍茫空荡。

纵然世上再无孟浩然，但襄阳的清山秀水，还是多少抚慰了白居易心底的创伤。爱情与亲情，都是生命中不可或缺的暖，在襄阳与父母兄弟团聚，也是人生另一种圆满。只可惜，这来之不易的圆满，也注定稍纵即逝。

贞元十年（794年）五月二十八日，白居易的父亲白季庚突然于襄阳官所病逝，享年六十六岁。白居易得知父亲死讯的那一刻，如同一道惊雷劈在身上，既愕然，又木然。他被噩耗惊得几乎失去了意识，无法相信一个像山一样支撑着自己，像大树一样遮蔽着自己的人，从此在自己的生命中消失了。

白居易曾经亲眼看着弟弟金刚奴在自己面前死去，可丧父之痛更令他摧肝裂胆，痛彻心扉。父亲是家中的顶梁柱，父亲离世的刹那，白家顿时陷入一片慌乱之中。母亲陈氏痛苦得只剩落泪，哥哥白幼文在浮梁（今江西省景德镇市浮梁县）做官，白居易是家中此刻最年长的儿子，他必须尽快镇定下来，处理父亲的身后事。

白季庚一生为官清廉，积蓄不多，朝廷下发的抚恤金也不多，陈氏本想让两个儿子扶着丈夫的灵柩返回下邽安葬，可手头的银两根本不够路费。无奈之下，陈氏只好将丈夫的灵柩暂时安葬在襄阳，只盼望将来儿子们能有大出息，再将他们父亲的灵柩送回原籍。

安葬好白季庚，陈氏与儿子们商议日后的去处。襄阳物价贵，生存不易；新郑依然处于战乱中，无法生存。思来想去，符离成了唯一的去处。没有人想到，一别仅仅半载，一家人又要举家迁回符离。白居易有些隐隐地期待与湘灵的重逢，更期望母亲能够成全他们在一起。

白居易带着急切的心情上路，一路风尘仆仆赶回符离，却没能看到那张期待已久的面容。湘灵家的大门再次上了锁，邻居说，他们一家又搬去别处谋生了。白居易可以想象得到，自从他离开之后，湘灵应该整日以泪洗面吧。他心痛，却无奈，如今甚至连补偿湘灵的机会都没有了。万语千言，化作几行诗句，可惜，湘灵却没有机会读到：

寄湘灵

泪眼凌寒冻不流，每经高处即回头。

遥知别后西楼上，应凭栏干独自愁。

其实，白居易一家又何尝不是为了生计发愁呢？如今全家唯一的收入来源便是哥哥做浮梁县尉的微薄薪俸，因为要为父丁忧，哥哥的薪俸更加少得可怜。白居易突然深感肩上的担子越发沉重，他必须要利用这三年光阴埋头苦读，考取功名。这不只是为了改善一家人的生计，更因为白居易心中有着革新政治、中兴大唐的宏愿。

那时的朝廷，宦官专权，昏聩的唐德宗日渐衰老，根本无力阻止藩镇割据愈演愈烈的乱象。百姓的生活变得越发艰难，白居易生活的符离也难以幸免，许多百姓背井离乡，去别处谋生计。

白家的日子也越发难过，白居易整日面有菜色，却依然发奋苦读，可是，日子还是一天比一天变得更艰难，一家人甚至到了四处借贷为生的境地。为了生计，白居易不得不做出一个艰难的决定——再次前往溧水投奔叔父白季康。

若不是日子实在难以为继，白居易无论如何也不会做出这样的决定。他已经二十七岁，却依然没有功名在身，哪有颜面在叔父家里白吃白喝？去往溧水的一路上，白居易的心情极度抑郁。他生怕看到叔父表现出一丝鄙夷，那会让他仅存的一点自尊溃不成军。

白居易先将外祖母、母亲、弟弟送往洛阳一位族兄家里安置，之后便再次踏上前往溧水之路。令白居易感到欣慰的是，与叔父分别近十载后重逢，叔父丝毫没有嫌弃他在功名上无所建树，反而是看着他憔悴瘦弱的样子，眼神中满是心疼。

叔父不忍心看白居易落魄潦倒的样子，为了帮白居易顺利地走上科举之路，还专门请来宣州刺史崔衍作为保举人。崔衍向来爱才，如果白居易能顺利通过州试，他一定能保举白居易去京城参加进士考试。

有了崔衍的赏识，白居易心头的一块石头落了地，他终于可以在叔父家里安心准备应试，至于衣食住行，除了叔父的资助之外，他在溧水结交的一些士子朋友也愿意伸出援手。备考的日子就这样在波澜不惊中度过了，贞元十五年（799年）夏，白居易参加了在宣州举办的乡试，两道试题分别为《窗中列远岫诗》和《射中正鹄赋》，白居易均交出了不俗的答卷，一举获得"乡贡"资格，在崔衍的举荐下前往京城参加进士考试。

从溧水到长安，又是一段漫长而艰辛的旅程。一连数月奔波，白居易终于在大雪纷飞的冬日赶到了长安城。站在城门口，十二年前的光阴仿佛突然与此刻重叠。曾经，他是名动京城的少年诗人，如今，他是满面沧桑的落魄士子。长安城的喧哗热闹与昔日无异，站在城中的人却已不复当初。

京城似乎本就是那些富贵王孙的容身之所，从白居易身边经过的人，身着锦衣貂裘，驾着香车宝马，从灯火阑珊处来，奔华灯璀璨处去。只有他，一身单衣，在寒风中瑟瑟发抖，身上的银两甚至还不够在最便宜的旅店多住几晚。他仿佛与这个华丽的城市格格不入，寒冷的冬夜里，他穿过一条又一条热闹的街市，穿过一片繁华，走入寂静中去。

只有城郊那处人畜混杂的贫民区，才是白居易的容身之所。他也不知道自己是否应该属于这里，此时的他，心中只有一个念想——苦读，不考中进士决不罢休。衣衫薄了，就裹上棉被；肚子饿了，就胡乱喝些粥水。无论如何，手中的书卷从不曾放下，就这样熬过了一个漫长的冬日，终于迎来了春日的第一抹新绿。

科举考试在这一年春日如期举行，试题为《性习相远近赋》和《玉水记方流诗》以及策五道，白居易文思泉涌，自信满满，洋洋洒洒几篇文章写罢上交，之后便留在京城静待放榜之日。

他如一条盘踞于人间的蛟龙，只等时机一到，便能破空腾云，扶摇直上九万里。这一年前来京城赶考的考生有三千余人，进士榜上却只有十七人。放榜那日，白居易看到自己的名字出现在进士榜第四名的位置上，他第一次感觉到，长安的天竟然蓝得如此清澈，照在身上的春日阳光是如此暖，空气的味道竟也如此清新。

整整一天，白居易都沉浸在兴奋之中。到了晚上，华灯初上，家家户户都亮起了一豆灯火，独自走在黑暗街路上的白居易，格外地思念家人：

长安早春旅怀

轩车歌吹喧都邑，中有一人向隅立。

夜深明月卷帘愁，日暮青山望乡泣。

风吹新绿草芽折，雨洒轻黄柳条湿。

此生知负少年春，不展愁眉欲三十。

偌大一个繁华的长安城，却没有属于白居易的热闹，就连好不容易高中进士，身边都没有亲人和朋友为他庆祝。他还是孤零零的一个人，静静看着长安城的喧嚣，一阵伤感袭上心头。

他一向自认为是大丈夫，当胸怀天下，不能怯懦。可此时此刻，他异常思念家人和朋友。因为太思念家乡，白居易望着远处日暮下的青山落泪了。这一刻，他不是所谓的大丈夫，只是一个真实的人。

一年之计在于春，此刻正是万物复苏的早春时节，白居易却遗憾自己人生的春天被虚度了，他已年近三十，辜负了大好的青春之后，终于考中了进士，可是未来的路该如何走？他有些迷茫，也有些焦虑。

人生得一知己足矣

曾经经历的一切苦痛，依然历历在目，生命却悄然无声地揭开了另一个篇章。那是崭新的人生，迷茫之中，白居易不禁暗暗期待能获得命运的眷顾，让他心中宏愿能有实现的一天。

白居易总是觉得，二十九岁才考中进士的自己，有些大器晚成。然而，在同榜的十七名进士当中，白居易竟然是最年轻的一个。所谓天道酬勤，兼济天下的梦，什么时候开始实现，都不算太晚。

此番高中进士，白居易有太多人需要感激。他感激叔父白季康对自己的鼓励与资助，亦感激宣州刺史崔衍对自己的举荐，同样感激这一年的主考官——礼部侍郎高郢对自己的提携。

按照惯例，新科进士要向当年的主考官谢恩，对于新科进士而言，这一年的主考官便是他们的恩师。白居易感谢恩师的方式，便是撰写了一篇题为《箴言》的谢帖，呈送至高郢府上。文中句句都是白居易的肺腑之言，将自己对高郢的感激，以及希望为朝廷效力的愿望表达得淋漓尽致。

谢帖呈上之后，白居易同样依照惯例，择吉日前往恩师府上致谢。呈上拜帖之后，白居易恭恭敬敬站在高府门外等待，没想到，高郢竟然亲自从府中走出来迎接他，一边走，一边还背诵着白居易写在《箴言》中的字句："'匪光于躬，是华于邦'，有如此大志向的新科进士，老夫一定要好好看看是什么模样。"

高郢的脸上带着赞许的笑容，丝毫没有礼部侍郎的架子。他相信自己的眼光，站在面前这个面容略显憔悴的新科进士，一定是能替朝廷扭转乾坤的能者。他将白居易让进府内，一边饮茶，一边讨论朝廷局势。

当时朝廷已四分五裂，藩镇割据称雄现象频生，俨然一个个独立的小王国，赋税不上缴朝廷，挟制百姓施以压迫，民不聊生。白居易素来以颜真卿为楷模，安史之乱时，颜真卿虽是文官，却募兵抗贼，率领义军对抗叛军，一度光复河北。李希烈背叛朝廷之后，颜真卿被派往李希烈处宣谕，李希烈想要迫使颜真卿投降，颜真卿凛然拒绝，最终被李希烈缢杀。

如果可以，白居易也希望能效仿颜真卿，与藩镇割据势力对抗，但与此同时，他也不赞成朝廷在摸清敌军虚实之前轻易用兵，而应探其锋芒，针对形势做出具体部署。

一番谈论过后，高郢更坚信自己没有看错人。看似文弱的白居易，骨子里却有一股安邦定国的英雄之气，风雨飘摇的李唐王朝，正需要这样的人去拯救。

贞元十六年（800 年）春夏之交，一派草木繁盛之景。这是白居易有生以来最灿烂的一个春日，他即将在朝廷派出的仪仗队的护送下，以新科进士的身份东归省亲。

白居易身着吉服，一路从长安出发，朝着河南方向前行。来京城赶考时，白居易走的就是这一条路，然而这次行走，心境却大不相同。就在前一年，宣武（今河南省开封市）节度使董晋死后部下叛乱，没过多久，彰义（今河南省汝南县）节度使吴少诚又叛乱。当时朝廷派出十六道兵马攻打，战事就发生在河南境内，以至于河南处处田园荒芜，家家骨肉离散。所谓近乡情更怯，越是靠近河南，白居易对家人的思念便越发强烈：

自河南经乱，关内阻饥，兄弟离散，各在一处。因望月有感，聊书所怀，寄上浮梁大兄，於潜七兄，乌江十五兄，兼示符离及下邽弟妹

时难年荒世业空，弟兄羁旅各西东。

田园寥落干戈后，骨肉流离道路中。

吊影分为千里雁，辞根散作九秋蓬。

共看明月应垂泪，一夜乡心五处同。

自从河南开始战乱，关内一带漕运受阻，河南境内进而饥荒四起，白氏一家族人也是从那时起流离失所、天各一方的。回乡省亲的路上，正逢十五，一轮圆月高悬天穹，白居易不禁感叹一家人终难团圆。此情此感，他记录成诗，寄给远在浮梁的大哥白幼文、在於潜（今浙江省杭州市临安区中部）的七堂哥、在乌江的十七堂哥，以及在符离和下邽的弟弟妹妹们。

战乱给全天下百姓带来巨大的灾难，白居易一家也只是受难百姓中的一份子。生于战乱饥馑的年代里，白氏祖传的家业荡然无存，白家的兄弟姊妹们为了生计不得不抛家舍业，天各一方。如今战乱纷争终于止歇，白家破败的屋舍虽在，却田地荒芜，杂草丛生。

白居易觉得，自己的手足兄弟们如同分飞千里的孤雁，每个人都孤独地在一处形影相吊。有家不能回的人，如同深秋断根的蓬草，只能随着萧瑟的西风漂泊不定。

自古以来，明月总能诱发思念。尤其是孤独中的旅人，举目遥望明月，难免黯然垂泪。白氏一族兄弟姊妹离散五处，但白居易知道，他们思念家乡的心，和自己是一样的。

所谓衣锦还乡，便是要让亲朋旧友见证自己最荣耀的时刻，分享那一刻的喜悦。白居易先是去往洛阳拜见母亲，感谢母亲多年来的养育与教养之恩，之后便继续启程，赶往自己的第二故乡符离，探望昔日好友——"符离五子"。

得知白居易衣锦荣归，"符离五子"特意出城十里相迎。兄弟重逢，自是一番把酒畅谈，可酒过三巡之后，一抹伤感袭上白居易的心头。

对白居易而言，符离亦是他的伤心地。这里不仅有友情，还有他无疾而终的爱情。自从考中进士，他与湘灵之间的门第差距更加悬殊了。世界上最残忍的事情之一，莫过于一对有情人生生承受劳燕分飞之苦：

生别离

食檗不易食梅难，檗能苦兮梅能酸。

未如生别之为难，苦在心兮酸在肝。

晨鸡再鸣残月没，征马连嘶行人出。

回看骨肉哭一声，梅酸檗苦甘如蜜。

黄河水白黄云秋，行人河边相对愁。

天寒野旷何处宿，棠梨叶战风飕飕。

生离别，生离别，忧从中来无断绝。

忧积心劳血气衰，未年三十生白发。

在白居易看来，人生的苦与酸，都比不上生别离更让人痛苦。生别离的苦，是苦在内心；生别离的酸，是酸在肝肠。白居易叹自己尚且不到三十岁的年纪就已长出白发了，不知是不是因为与湘灵的生别离，让他忧虑累积至内心劳累，血气都因此衰竭了。

无论如何，他与湘灵之间的缘分已经尽了。纵然思念，也只能让这份缺憾永久地留存在生命里了。

贞元十八年（802 年）秋，白居易再次返回长安，准备参加吏部铨试。在铨试之前，进士们并不具备做官的资格，只有经过吏部的铨选考试并合格之后，才能被授予官职。

吏部铨试关乎未来仕途，白居易不敢马虎，他早早来到京城开始准备，一有闲暇，便与京城中的名士交流心得，其中便包括同在京城准备参加铨试的刘禹锡。

白居易早在漫游吴越时，便听过刘禹锡的大名。刘禹锡早在贞元九年（793 年）便考中进士，此时正任校书郎一职。白居易与刘禹锡同年出生，二人一见如故，刘禹锡也早就拜读过白居易那首名动京城的《赋得古原草送别》。两人从诗歌聊到政治，再到治国方略、平藩策略，交谈甚欢，惺惺相惜。

一场相逢，将两个人的命运牢牢牵系在一起，白居易与刘禹锡，不仅诗歌风格相同，政治远见更是不谋而合，同有兼济天下的梦想。未来的人生里，他们诗文齐名，又一样命运多舛，所谓生死之交，便是从这样一个看似平平无奇的秋日里开始的。

贞元十九年（803年）春，一连数月的准备终于到了见证成果的时刻。吏部举办的铨选考试终于结束，白居易名列甲等，被授予秘书省校书郎的官职。与他一同被授予校书郎官职的，还有元稹。

来京城准备参加铨选的这几个月，白居易结交的好友，除了刘禹锡，还有元稹。白居易比元稹年长七岁，他第一次见到元稹时，元稹正骑着朱雀马在街上招摇过市，笑得张扬、恣意、肆无忌惮，他的笑容比阳光灿烂，所到之处，皆被他周身绽放的光芒点亮。

没有人能想到，白居易与元稹会成为一对至交好友。他们个性截然不同：白居易凌霜傲雪，元稹明月清风，就仿佛两个不同的季节，永远无法融合到一处。可偏偏就是这样两个人，成为了最懂得彼此灵魂的人。或许因为他们同样天生敏感吧，能从彼此微笑的眼眸里，读出对方眼底的忧伤。

他们都曾经历过爱情中的失去，白居易失去了湘灵，元稹失去了崔莺莺。他们与心爱的人之间，隔着山与海的距离，身边的这个兄弟，就成为了唯一的灵魂寄托。

傲骨之竹，难容于宦海

竹子更有一身傲骨，从不逢迎，宁可折断，绝不弯腰。有竹之气节的人，堪称真君子，但若为人过于刚直，在变幻莫测的官场之中，则极难找到容身之所。

在准备铨试时，白居易偶然读到一首邓鲂的诗，乍一读来，白居易以为是陶渊明的诗作，看到结尾落款，才知作者竟是邓鲂。在白居易心目中，邓鲂是一位悲情才子，他早在元和初年便考中进士，可惜还没有等到授予官职便离世了，年仅三十几岁。

那时的白居易，与邓鲂离世时的年纪相仿。想到自己尚无建树，不禁黯然悲伤。都说诗人一生多有不顺，如今看来竟是真的。就像当年的诗圣杜甫，心系苍生，胸怀国事，却在官场上不得志，只得了个"拾遗"的官职。又如孟浩然，自幼便有鸿鹄之志，却偏偏仕途困顿，虽曾被张九龄招至幕府，还是没过多久便隐居田园了。

可若细说起来，杜甫与孟浩然至少都曾有过为朝廷效力的机会，而那时的白居易虽然考中进士，却还是布衣之身，前途未卜，内心怎能不焦急：

读邓鲂诗

尘架多文集，偶取一卷披。

未及看姓名，疑是陶潜诗。

看名知是君，恻恻令我悲。

诗人多蹇厄，近日诚有之。

京兆杜子美，犹得一拾遗。

襄阳孟浩然，亦闻鬓成丝。

嗟君两不如，三十在布衣。

擢第禄不及，新婚妻未归。

少年无疾患，溘死于路歧。

天不与爵寿，唯与好文词。

此理勿复道，巧历不能推。

  一首五言诗，满是白居易对未来的迷茫。他把这首诗分享给元稹，元稹一下子便读懂了他的迷茫。有时候，言语并不能化解悲伤，不如相伴痛饮一场，才能酣畅淋漓地纾解忧愁。从那时起，白居易与元稹便成为一对形影不离的好友，虽非亲生兄弟，却比亲生兄弟更在意彼此。

  所谓秘书省，主要职责便是出版、发行、管理朝廷所有图书。隶属于秘书省的校书郎，勉强算得上最末等的职位，主要职责是编辑、校对图书，参与史书的编撰，偶尔也会外出收集一些编撰书籍的资料。每日只工作半日，到了午时便可回家休息了，是绝对的闲职。至于俸禄，自然也谈不上丰厚。

  校书郎算不上有实权的官职，不过是正九品官阶而已。

但唐代许多名士皆是从校书郎做起，白居易不嫌官职微小，只要能有为朝廷效力的机会，他便相信自己能一步一步走出一方天地来。

好在，校书郎官职虽低，却备受尊重。能担任校书郎的，大多是进士出身，文采斐然，朝中官员大多心知肚明，校书郎是朝廷未来的人才储备，日后其中有人成为宰相也绝非不可能。

白居易在朝中有了官职，又在京城长乐里租了一处房子，这便等于在京城扎下了根。那处房子是唐德宗建中年间宰相关播私宅的东亭子，不算奢华，却与白居易原本租住的贫民区有着天壤之别。

校书郎的薪俸虽不多，但也足够令白居易衣食无忧。日子仿佛一下子变得疏懒惬意了起来，若生活永远保持此刻的模样，或许闲散一些也无妨吧！

然而没过多久，白居易便发现了朝廷中的许多阴暗面，其中首要的，便是唐德宗的昏庸无能，这也成为一切问题的根源所在。因为皇帝昏庸，宠信宦官，导致他们专横跋扈。官员之间相互倾轧、争斗，无心政事，以致藩镇割据愈演愈烈，朝野上下一片乌烟瘴气。

上层官员的不作为，导致下层百姓受苦。战火之中，百姓日子更加难过，像当年白居易一家那样举家逃难、流离失所的大有人在。白居易看在眼中，急在心里，却一时间不知如何是好。

摆在他面前的只有两条路：一条是融入官场之中，像其他官员一样，为名利而忙；另一条是远离官场争斗，独善其身，更不要奢望能实现兼济天下的梦想，亦不能拯救百姓于水火之中。

以白居易的个性，是无论如何不会选择第一条路的。如果要他为了名利去苦苦钻营，他宁愿辞官，像孟浩然一样归隐田园。为了时刻警醒自己不能向名利弯腰，白居易特意将庭院中一处杂乱的竹园修整了一番，以此明志：做官应如傲骨之竹，宁折不弯。

白居易觉得，世人常用竹子比喻贤人，就是因为竹子的本性是根系稳固，君子会效仿竹子的根，培养自己坚定不移的品格。竹子秉性刚直，会提醒君子要正直无私，不趋炎附势。竹子的中心是空的，那是为了虚心接受，提醒君子要虚心接受一切有用的东西。竹节坚定，是为了提醒君子立志，磨炼自己的品行，无论顺境还是逆境，都要始终如一。正因如此，君子都喜欢在庭院中栽培竹子，并把竹子视为庭院中最具价值的东西。

白居易修整的那片竹园，因为许久无人打理，早已凋敝破败，毫无生气。他听说，这些竹子是宰相关播当年亲手栽种的，自从关播死后，别人借住在这里，那些竹子也就遭了殃，不仅无人悉心栽培，甚至被人砍去做扫帚、做筐篓。当白居易住进来时，这些竹子最长的也不足八尺，全部竹子加起来也不到百竿了。

杂草在竹子间混杂生长，甚至比竹子长得还要茂盛。此情此景令白居易惋惜，那些象征着君子气节的竹子，在庸俗人眼中竟如此卑贱。唯一令他感到欣慰的是，这些竹子即便被砍削，被破坏，也依旧傲然挺立，禀性不改。

白居易立刻动手铲除杂草，为竹子施肥，疏通土层，花了整整一天时间，虽不能让竹园恢复当年的原貌，但至少恢复了往日蓬勃的生机。从那时起，只要风吹过后，竹子便会发出阵阵清音，仿佛是在感谢白居易的知遇之情。

偶尔，白居易也会对着这片竹园慨叹。竹子本是植物，自己并不会与其他草木区别开来，只有懂得欣赏竹子气节的人才会爱惜它。这就如同贤人一般，唯有遇到懂得识别贤人的伯乐，才不至于被埋没。

想到此处，白居易写下一篇《养竹记》，并将其抄在东亭的墙壁上。他希望以后有机会住在这所房子里的人能看到这篇文章，懂得这片竹园的可贵，好好照顾这些竹子。他更希望当权者中能有贤人看到这篇文章，懂得贤人的可贵，多栽培贤能之士，朝廷才能有救。

白居易也曾将元稹比作"孤且直"的竹子，他们二人也曾以共葆秋竹之心相互勉励。可是，元稹终究与白居易不同，对于权势，他有更强烈的追求。

元稹出身小地主家庭，门第不高。成为校书郎之后，他的身份地位有了些许提升，再加上风华正茂，才华横溢，一些朝中官员在为女儿择婿时，便会首先考虑元稹，其中，就包括时任京兆尹的韦夏卿。

韦夏卿有一个最疼爱的小女儿，名叫韦丛，时年二十，正是适婚年龄。他看中元稹的才华，认定其日后必能成大器，便托人向元稹委婉地表露了希望纳他为婿的想法。

对元稹而言，能与世代为官的韦氏结亲，便等于在朝中为自己找到了稳固的靠山。更何况韦丛才貌双全，对元稹的才华有爱慕之心，这样一段天赐的姻缘，元稹几乎无须过多犹豫，便欣然接受了。

达官显贵家的婚礼，自然隆重而又热闹。元稹与韦丛堪称真正的男才女貌，白居易发自内心替他们感到高兴，与此同时，又有一阵伤感袭上心头。他想到了湘灵，想到了他们注定无法有结果的爱情。

此生，白居易辜负了这样一个好姑娘，许多年前，他曾为湘灵写过一首诗。那首诗虽然名叫《寄湘灵》，却从来没有寄到湘灵手中。白居易只将它当作对湘灵的怀念与忏悔。那一日元稹的婚宴上，白居易口中喃喃，低声轻吟这首诗的诗句，再用一杯苦酒，把诗句送入肺腑，默默封存。

第三章
兼济天下·岂独善一身

荆棘丛生的革新路

装点太平，并非真正的人生。平坦的路虽好走，但若在路的尽头回顾，却发现那条路上不曾留下属于自己的任何脚印，那这一生，是否虚度了？

初任校书郎的日子里，白居易几乎每一天都在思考这个问题。他需要做些什么，为扭转朝廷的颓势尽一份力。可惜他官职太低，朝廷的斗争太激烈，为了积蓄足够的力量，他必须暂时蛰伏。

贞元二十年（804 年），白居易向朝廷告假，返回符离接母亲来京城。符离是白居易的伤心地，那里是湘灵生活的地方，可是无论他们之间的距离有多近，一道无形的沟壑已将他们划分为两个世界的人。

白居易知道，这一次离开符离，或许再也没有回来的机会了，湘灵也注定永远成为一个埋藏在心底的名字，此生他们无缘，也许再也没有机会重逢。

安排好举家搬迁的事宜，白居易先行一步返回京城。离开符离的那一日，正是早春二月，春寒尚未散去，白居易的心底却比春寒更冷。晦暗的心情一直伴随着他踏上徐州的土地，一封请柬不期而至，让白居易好不容易才从悲伤中暂时走出来，收拾心情，应对突如其来的盛情。

那是徐州刺史张愔派人送来的请柬，名噪天下的大才子白居易途经徐州，张愔有心笼络，盛情邀请白居易到府上一聚。

白居易虽无心应酬，但徐州刺史的面子还是要给的。酒过三巡，一名女子从后厅袅娜而来，翩然起舞，仿佛仙子临凡，白居易却从她身上看到了湘灵的影子。一股强烈的思念刹那袭来，白居易好不容易压抑下来的情绪再次翻涌。

可惜，那并不是湘灵，而是张愔的宠伎关盼盼。她仰慕白居易已久，白居易的诗，她抄了一遍又一遍，不知他究竟经历了怎样的风霜，笔下的诗句才能那样揪人心肠。得知白居易来府上赴宴，关盼盼激动了许久。这或许是她唯一能与白居易见面的机会，宴席上，她轻歌曼舞，用情极深。

其实，关盼盼也是书香人家的女儿，文采出众，精通音律，能歌善舞。只因家道中落，才无奈沦落风尘。曾经，也有无数世家公子想与她亲近，直到十六岁那一年，被张愔收为家伎，从此才有了依靠。

她并非对白居易心怀杂念，只是太喜欢他的诗，感同身受着他的伤感，才希望在这一生难得的相遇里，与灵魂上的知音好好交流一番。

关盼盼柔声背诵着白居易的诗，甜美而又深情，令白居易为之动容。宴席上，他为关盼盼写下这样的诗句："醉娇胜不得，风袅牡丹花。"那一场宴席过后，关盼盼与白居易再未会面，白居易只听说，张愔病逝之后，关盼盼无法忘记夫妻情谊，便移居到徐州城郊龙云山麓的燕子楼，为张愔守节。

白居易不禁慨叹，自古红颜，命运总是多舛。

途经邯郸，正逢冬至，是举家团圆的日子。住在驿馆中的白居易抱着双膝坐在灯前，只有影子与他为伴。他思念家中的亲人，想着他们或许正团聚在一处，也正谈论着自己吧。独居驿馆的他，却只能把对家人的思念写进诗里：

邯郸冬至夜思家

邯郸驿里逢冬至，抱膝灯前影伴身。

想得家中夜深坐，还应说着远行人。

无须华丽的辞藻，只用最质朴的语言，白居易便已将自己的怀亲之情表现得淋漓尽致。这世间，唯有真情最动人，整首诗中，没有一个"思"字，却处处流淌着思念。

在唐代，冬至是重要的节日，每个人都要在家里和亲人团聚，白居易却偏偏身在异乡，倍感孤寂。每一个有过类似经历的人，读罢此诗都能感同身受。这便是白居易诗歌的魅力，字句浅显，意境却浓。

贞元二十一年（805 年），白居易终于返回长安。他从租住的关播宅里搬了出来，搬去距离元稹更近的华阳观。那里与元稹居住的靖安里隔街相对，远离闹市，幽静宜人，正适合用功读书，准备参加制举考试。

制举考试并非常选，只有皇帝下诏才会举行，科目与时间均不固定，专为朝廷选拔特殊人才。白居易不敢掉以轻心，想要更接近权力中心，真正为朝廷效力，每一个机会他都不能放过。

元稹与白居易一同备考，在元稹的引荐下，白居易结识了同样来京城参加制举考试的李绅。李绅与白居易同龄，在诗歌与政治上的理念也与白居易相同，尤其对杜甫所创的新乐府诗情有独钟。

同年二月二十五日，唐德宗李适离世，其长子李诵即位，即唐顺宗。唐顺宗广开言路，奖掖直言，白居易、元稹、李绅都认为此时正是发扬新乐府诗的大好时机。这个时代正需要以直笔规讽时政，他们三人都经历过贫困，更懂得民间疾苦。就在他们打算好好写几首新乐府诗来反映底层百姓生活艰难的时候，朝廷的政治气氛突然逆转了。

以柳宗元、刘禹锡、王叔文为首的一批文人，反对宦官专权及藩镇割据，主张明赏罚、停苛征、除弊害，发起了一场主张加强中央集权的运动，史称"永贞革新"。

白居易与刘禹锡私交甚好，因此与革新派人士走得很近，也打算为革新出一份力。唐顺宗即位不足二十天时，白居易便向当上宰相仅十日的韦执谊呈上一封《上宰相书》，洋洋洒洒几千字，尽是对广开言路、澄清吏治的建议。他劝宰相不要闭目塞听，应惩恶劝善，改变朝廷沉默保身、不敢直言的风气，也劝宰相举贤任能，赏罚分明，安定边境，图将来之安。

没过多久，唐顺宗因中风失音，不能理政，将朝廷大事都交给王叔文、柳宗元等人处理。革新派的势力日益增大。短短半年时间里，革新派便完成了几件大事：

他们认为，浙西观察使，原兼诸道盐铁转运使李锜利用职务之便中饱私囊，导致国库日渐空虚，将其革职，将财政大权从藩镇收回中央，又罢禁掠人扰民的宫市及五坊小儿，之后再减停宫中闲杂人员及内侍俸钱，抑制宦官势力，再从禁军手中夺回军权，之后又将唐朝宗室——时任京兆尹道王的李实贬为通州长史，召回被贬贤臣郑余庆等人，免除百姓苛捐杂税，引得百姓一片欢呼叫好之声。

与此同时，革新派也引来了反对派的嫉恨。早在三月，侍御史窦群、御史中丞武元衡便已将革新派视为异己，进行攻击。紧接着，宦官俱文珍、刘光琦、薛盈珍等人借唐顺宗久病不愈的机会，拥立广陵王李淳为太子。至于朝中三位宰相，贾耽、郑珣瑜称病不起，高郢无所作为，对革新派消极抵抗。

到了五月，借着王叔文加拜户部侍郎的机会，宦官俱文珍等人削去了王叔文的翰林之职，夺走其手中大部分权力，使王叔文无法领导革新运动。没过多久，王叔文因母丧丁忧，革新派的形势更是急转直下。

六月，剑南西川节度使韦皋、荆南节度使裴均、河东节度使严绶等人相继向唐顺宗及太子奏表攻击革新派，与此同时，革新派的内部也出现了分裂现象，先是韦执谊不听王叔文调遣，王伾一连三封上疏请求立王叔文为宰相，皆不被允准。王伾见形势不妙，只得称病不出，由此一来，革新再也无法继续坚持下去了。

七月，宦官俱文珍等人逼迫唐顺宗下制书，令太子李淳理政，任命反对革新派的袁滋、杜黄裳代替高郢、郑珣瑜为宰相。

八月，在宦官们的拥立下，李淳（更名为李纯）即位称帝，即唐宪宗，唐顺宗就此退位，称太上皇。

随着唐顺宗退位，革新派失去了最后的指望。唐宪宗即位第二日，便将王伾贬为开州司马，王叔文贬为渝州司马。王伾不久后便死于贬所，第二年，王叔文被赐死。

九月刘禹锡被贬为连州刺史，柳宗元为邵州刺史，韩泰为抚州刺史，韩晔为池州刺史。

十一月，贬韦执谊为崖州司马，再贬刘禹锡为朗州司马，柳宗元为永州司马，韩泰为虔州司马，韩晔为饶州司马，又贬程异为郴州司马，凌准为连州司马，陈谏为台州司马，史称"二王八司马"，就此，"永贞革新"宣告失败。

白居易因与革新派走得太近，以及呈送给韦执谊的《上宰相书》而遭受牵连。有人建议唐宪宗贬黜白居易，以防革新派东山再起。好在，唐宪宗认为白居易官职低微，又住在远离朝廷中心的地方，掀不起大风大浪，只派人对其监视就好。

一场政治风暴就此告一段落，白居易虽幸存了下来，却也惊魂未定。政治风暴波谲云诡，他只是一个刚刚踏入仕途的小小校书郎而已。正如唐宪宗所言，此时的他，掀不起任何风浪，但白居易的心中却波涛难平：兼济天下的梦想，难道就这样放弃了吗?

一曲"长恨"传千古

喜忧参半，才是真正的人生。一时功成，未必能等到圆满的结局；一时颓败，也未必不能笑到最后。悲喜之间，转眼便是半生。

"永贞革新"的失败，让白居易惊恐。他并非担心自己的仕途与生命安全会遭到革新派的连累，而是惊恐于政治的黑暗与险恶竟然到了如此境地。他有满腔壮志，一时间竟不知怎样去实现了。

他感叹像刘禹锡、柳宗元这样的英才，命运竟如此悲惨，更深知唐宪宗在位一日，"二王八司马"的命运就一日无法改变。

刘禹锡被贬离京的那一日，白居易特意去送行。换做明哲保身的人，一定不会在如此敏感的时刻与革新派走得太近，但白居易不在乎。他与刘禹锡的友情坚若磐石，哪怕朝廷已派出眼线时刻监视自己，他也要在临别之前让刘禹锡感受到友情的温暖。

瑟瑟秋风中，刘禹锡家中一派凄风苦雨之景。回想刘禹锡参与革新时的意气风发，白居易无法接受好友此时的寥落。

他带来自己所存不多的积蓄，打算送给刘禹锡做路上的盘缠。唯一让白居易感到欣慰的是，刘禹锡并未因为遭贬而颓丧，他依然腰板挺直，目光炯炯，纵然前路艰险，他也不曾退后一步。

白居易知道，刘禹锡家中有八十岁老母，那是他最放心不下的牵挂。于是，他主动承担起照顾刘禹锡老母亲的责任，又将身上仅剩不多的银两送给押解官，再三叮嘱他们不要在路上为难刘禹锡。

以白居易此时的官职，这已经是他能做到的全部了。好在元稹也来为刘禹锡送行，身为京兆尹韦夏卿的贵婿，元稹在押解官面前尚有几分薄面，他们当着元稹的面唯唯诺诺，可谁又知道，出了京城之后，刘禹锡又会在他们那里吃多少苦头。

看着刘禹锡挺拔的背影，白居易险些落泪。都说男儿有泪不轻弹，可看到自己的至交好友、昔日的朝廷栋梁落魄凄凉至此，谁又能不揪心？

送别刘禹锡，白居易心中的惆怅与失落久久挥之不去。回到家里，他愤而提笔，为遭贬的革新派人士写下一诗：

陵园妾

陵园妾，颜色如花命如叶。

命如叶薄将奈何。一奉寝宫年月多。

年月多，时光换，春愁秋思知何限。

青丝发落丛鬓疏，红玉肤销系裙慢。

忆昔宫中被妒猜，因谗得罪配陵来。

老母啼呼趁车别，中宫监送锁门回。

山宫一闭无开日，未死此身不令出。

松门到晓月俳徊，柏城尽日风萧瑟。

松门柏城幽闭深，闻蝉听燕感光阴。

眼看菊蕊重阳泪，手把梨花寒食心。

把花掩泪无人见，绿芜墙绕青苔院。

四季徒支妆粉钱，三朝不识君王面。

遥想六宫奉至尊，宣徽雪夜浴堂春。

雨露之恩不及者，犹闻不啻三千人。

三千人，我尔君恩何厚薄。

愿令轮转直陵园，三岁一来均苦乐。

　　整首诗中，白居易没有提及革新派人士一个字，只描绘出一位为皇帝守陵的宫女形象。传言皇帝死后，未生育过的嫔妃都会被遣往先皇陵墓守陵，此生不得再出陵园半步。这些守陵的嫔妃，便被世人称为陵园妾。她们也曾姿容俏丽，可惜红颜薄命。在后宫，她们得不到皇帝的恩宠，皇帝死后，她们却要长年在陵园中侍奉一个死去的人。没有人比她们更懂得忧愁的滋味，眼睁睁看着自己镜中的容颜衰老下去，一扇紧锁的陵园大门，锁住了她们全部的青春与希望。

　　即便没有去过皇帝陵园，也能想象那里是怎样一派清冷寂寥的景象。与死人为伴，本就阴森恐怖，到了与家人团聚的节日，她们也只能与那些颜色凄惨的花朵相伴。没有人见过她们的眼泪，又或许，她们的泪早已哭干了。

　　失败的革新派人士，就如同那些失宠于后宫的陵园妾，这首诗字里行间流露着白居易压抑的愤懑，他同情革新派人士的不幸遭遇，更惋惜如今的李氏王朝，依然难逃被宦官操控的命运。

白居易不肯让自己在悲伤中消沉，而是要在逆境中重生。他越发努力地准备制举考试，这即将成为他人生的转折点，同样备考的元稹与白居易互相鼓劲，决心以直言极谏取胜。

除了备考，白居易屏蔽了周遭一切杂事。他把自己关在书房里，一连数月不出门。他反复揣摩当今的朝政时局，以最激烈的言辞写下七十五篇策论，政治、军事、文化无所不包。那段时日里，白居易唯一的消遣，便是与元稹探讨时政。元稹看过白居易的全部策论，他坚信白居易一定能在制举考试中脱颖而出。可白居易却忧心忡忡，参加制举考试的人才超过十人，其中不乏佼佼者，他并不确定自己这样言辞激烈的策论是否能打动主考官，又或许，因为言辞激烈而为主考官不容，那也说不定。

元和元年（806年）四月，制举考试如期举行。令所有考生意想不到的是，刚刚登基的唐宪宗竟然出现在了考场，这便等于给每一个即将登榜的考生增添了一份额外的荣耀。

那一年的考题为"自兵宿中原，生人困竭，农战非古，衣食罕储，念兹疲甿，远乖富庶，督耕植之业，而人无恋本之心；峻榷酤之科，而下有重敛之困。举何方而可以复其盛？用何道而可以济其艰？既往之失，何者宜惩？将来之虞，何者当戒？"

为了这场考试，白居易已经做好了充足的准备，这样的试题根本难不倒他，洋洋洒洒一篇策论，句句都是他为解决朝局危困而献上的肺腑之言。

功夫不负有心人，放榜那日，白居易与元稹双双登榜，元稹居于榜首，授左拾遗。而白居易因为策论言辞太过激烈，没有被授予谏官职位，只得了一个周至（今陕西省西安市周至县）县尉的官职。

然而无论如何，白居易的拼搏得到了回报。从进士及第，到登书判拔萃科，再到如今登才识兼茂明于体用科，白居易只用短短三年时间便"三科登第"。在朝中，他无人撑腰，在京城，他无亲无故，每一步路，他都走得异常艰难，只凭自己的努力，攀上一座座高峰，距离实现兼济天下的梦想，又近了一步。

周至县尉这样一个低微的官职，实在配不上白居易"三科登第"的身份。与革新派人士的亲密关系，终究还是影响了白居易的仕途。他最欣赏的诗人杜甫也曾做过县尉，尽管县尉的薪俸足够改善杜甫当时困窘的生活，可杜甫还是以这一官职为耻。县尉的职责，与杜甫和白居易心中的宏愿相去甚远，一想到以后每天都要做一些类似于逼百姓缴税、向长官献媚的事情，白居易便觉得简直是在浪费生命。

白居易上任后的主要职责，是缉捕盗贼、征收捐税，这让他能更近距离地走入底层百姓当中，对百姓疾苦也能了解得更深。

那一年五月，正是麦收的农忙时节，白居易亲自走入田间体察民情。还未到田边，他便看见一名妇女领着小孩往田里去，他们是去给正在割麦的青壮年送饭送水的，白居易加快脚步，想快点看到麦收的场景。只见，那些青壮年都在专心致志地低头割麦，暑气在他们脚下蒸腾，烈日灼烤着他们的后背，纵然身强力壮，这样强体力的劳动也使他们筋疲力尽了。可他们丝毫不敢松懈，想趁着天明多割一些麦子。

白居易正欣慰于这一年麦子的丰收，突然另一名抱着孩子的妇人闯入他的视线。妇人抱着孩子的那只手，还挎着一个破篮子，她就跟在割麦者的旁边，小心翼翼地捡拾着他们掉落的麦穗。白居易问了随行的人，才得知那名妇人的田地已经为了缴纳官税而卖光了，如今她无田可种、无麦可收，只能捡拾别人掉落的麦穗充饥。

繁重的赋税，让务农的百姓失掉了赖以生存的土地，那如今这些正在割麦的人呢，是否明日也会因为繁重的赋税无田可种，靠捡拾麦穗生存呢？

一阵惭愧之情涌上白居易的心头，身为县尉，他根本无力改善百姓的生活现状，自己没有务过一天农，却能享受着朝廷的俸禄，到了年底还有余粮。可是对于那些受苦的百姓，除了同情，他做不了任何事情。直到回到府衙，白居易依然久久无法原谅自己。那一天，他写下一首讽喻诗，希望皇帝能看到这首诗，有所感悟，想办法改善百姓的疾苦：

观刈麦

田家少闲月，五月人倍忙。

夜来南风起，小麦覆陇黄。

妇姑荷箪食，童稚携壶浆。

相随饷田去，丁壮在南冈。

足蒸暑土气，背灼炎天光。

力尽不知热，但惜夏日长。

复有贫妇人，抱子在其旁。

右手秉遗穗，左臂悬敝筐。

听其相顾言，闻者为悲伤。

家田输税尽，拾此充饥肠。

今我何功德，曾不事农桑。

吏禄三百石，岁晏有余粮。

念此私自愧，尽日不能忘。

折磨着白居易的，不只有无力改善百姓生活的惭愧，还有远离挚友的孤独。他与元稹、刘禹锡如今天各一方，想要再像以前一样把酒畅谈，不知要等到何年了。在周至县，他也结交了一些朋友，可是再也不能像与刘禹锡、元稹那样交心，只是在烦闷时有人相伴饮酒、散心罢了。

一日，白居易与陈鸿、王质夫等几位友人到马嵬驿附近的仙游寺游览，不知不觉聊到唐玄宗李隆基与杨贵妃的故事。王质夫一向津津乐道于这样的故事，他鼓励白居易把他们的故事写成诗歌，不要让这样动人的故事随着时间的推移而消没，这便是那首流传千古的《长恨歌》诞生的由来。

杨贵妃是世人公认的美人，通音律，善歌舞，正所谓"回眸一笑百媚生，六宫粉黛无颜色"，然而她与唐玄宗李隆基的爱情，却是一场悲剧。世人认为，安史之乱，是因他们的爱情而酿成的，而他们的爱情，也正是被这一场叛乱断送的。

《长恨歌》的开篇，白居易用了整整三十二句来描写李隆基与杨贵妃的爱情生活，也是荒政乱国与安史之乱爆发的根源，正所谓"春宵苦短日高起，从此君王不早朝"。而最精彩的，却是开篇的那句"汉皇重色思倾国"，这是唐朝祸乱的根本原因，也一下子为诗中的故事定下了悲剧的基调。

唐玄宗重色，独宠杨贵妃。因杨贵妃得宠，杨家从此权势逼人。唐玄宗因为有了杨贵妃的陪伴而日日纵欲行乐，这才有了安史之乱的爆发。即将失去河山的皇帝，突然痛恨自己对杨贵妃的爱情，而军中将士因皇帝宠爱贵妃产生的公愤，则加速了杨贵妃的死亡。

"六军不发无奈何，宛转蛾眉马前死。花钿委地无人收，翠翘金雀玉搔头。君王掩面救不得，回看血泪相和流。"悲伤的不只是唐玄宗，还有白居易。他不知杨贵妃是否真是红颜祸水，但一代美人落得惨死的下场，不得不令人唏嘘。

白居易猜想，杨贵妃死后，唐玄宗一定是日日思念的吧。当时局终于稳定之后，唐玄宗从蜀地返回京城，途经马嵬坡，怎能不勾起伤心事？返京之后，一定更是触景伤情吧？因为"上穷碧落下黄泉，两处茫茫皆不见"，所以"此恨绵绵无绝期"。

一首《长恨歌》，将唐玄宗与杨贵妃的爱情故事刻画得极为细腻。诗中的他们，曾快乐到极点，如同一幕喜剧。而越是极度的乐，就越是衬托出后面极度的悲。处死杨贵妃时，唐玄宗的不忍和欲救不得的矛盾与痛苦，被白居易描写得淋漓尽致，他用了许多笔墨来渲染唐玄宗对杨贵妃的思念，却没有让整首诗停留在悲伤的一刻，而是继续让故事向前推移，只可惜，"悠悠生死别经年，魂魄不曾来入梦"，这便是"恨"到极处了吧，所谓"长恨"，已被白居易描写得动人心魄。

《长恨歌》问世之后，立刻引起了轰动。有人说，白居易是在颂扬唐玄宗和杨贵妃的爱情，也有人说，白居易是在讽喻唐玄宗的荒淫，以求警醒后世。

或许白居易的本意就是复杂而又深刻的。他赞成世人对杨贵妃"狐媚惑主"的评价，却也不否认唐玄宗与杨贵妃之间轰轰烈烈的爱情。他不曾因为"甚恶"而抹煞"甚美"，倾尽笔墨，为后世留下了一篇关于爱情与政治的千古绝唱。

上不负天，下不负百姓

红叶浸染韶华，叹浮生聚散无常。繁华人间，若问哪一段情最暖，或许对某些人而言，便是几杯老酒、对月浅酌的那段友情。

无论在京城还是周至，白居易与元稹之间的友情依旧。他听说，自从元稹上任左拾遗，便接二连三地上疏献表，先是向唐宪宗谏言，要重视给皇子选择保傅，之后又上疏论"谏职""迁庙"事宜，再到西北边事的讨论，并且表明态度，支持时任监察御史的裴度对朝中权幸的抨击。很快，元稹便引起了唐宪宗的注意，获得了皇帝的召见。

白居易原本以为，以元稹奉职勤恳的态度，一定能受到皇帝的赏识。可惜，一个初入仕途的谏官便如此锋芒毕露，难免会触犯权贵和宰臣的不满。

唐元和元年（806年）九月，正在周至县尉任上的白居易得知一个糟糕的消息：元稹因为直言上疏，被贬为河南县尉。

白居易不敢相信，意气风发的元稹竟然会落得和自己一样的遭遇。他向来欣赏元稹，认定他能有大作为。元稹此番遭贬，一定遭受了极大的打击，他立刻修书一封寄给元稹，又附带一首诗，希望元稹知道，无论他遭遇什么，自己和他的友情永远不会变：

赠元稹

自我从宦游，七年在长安。
所得惟元君，乃知定交难。
岂无山上苗？径寸无岁寒。
岂无要津水？咫尺有波澜。
之子异于是，久要誓不谖。
无波古井水，有节秋竹竿。
一为同心友，三及芳岁阑。
花下鞍马游，雪中杯酒欢。
衡门相逢迎，不具带与冠。
春风日高睡，秋月夜深看。
不为同登科，不为同署官。
所合在方寸，心源无异端。

白居易自从追求仕途，在长安整整待了七年，所交到的朋友只有元稹一个，这也让他知道，在官场中交到一位挚友是多么难得的事情。白居易的身边也有和自己一样出身贫微的同辈人，然而在政治的风浪中，很多人都放弃了自己的节操，没能与他结下稳固的友情。为了前途，白居易也曾想要攀附一些身居要职的达官显贵，可是他们的脸色总是说变就变，又怎么可能交心？

只有元稹，是个重情重义的人。他与白居易有同样的文学观念，与白居易成为知己，从不忘记他们之间对友情的誓言。有时候，元稹像是没有波澜的古井之水，有时候，又像秋天节节分明的竹竿一样既孤且直，这也是白居易为人处世以及做官的原则。他们志趣相投，同样刚正不阿，这才是他们成为知己最重要的原因。

自从白居易和元稹成为朋友，便有了许多属于他们二人的美好回忆：他们曾一同骑马赏花，也曾在雪中共饮。他们之间的友情是不拘泥于外在礼数的，有时候元稹来家中拜访，白居易可以穿戴随意地出来相见。他们时常促膝长谈，时间晚了便同住一处，在春日里睡到太阳高照，在秋夜里一聊就是一整晚。

白居易深知，他与元稹的友情，既不是因为一同登科，也不是因为同署官位，而是因为他们心意契合，单纯没有杂念。只有最知心的朋友，才是真正的朋友，这才是亘古不变的交友之道。

人海无情人有情，此生缘唯有珍惜，才能不负年华。元稹被贬的每一天，白居易都在默默替他祈祷，希望有朝一日元稹能重返京城，重现当年意气风发的模样。

命运总是轮转，就在元稹遭贬后不久，白居易却被一纸诏书召回京城，被破格授予翰林学士，负责撰拟机要文告。翰林院是朝廷储备人才的地方，那里的人个个文采飞扬、才华横溢，不乏有未来宰相之材。

白居易终于体会到意气风发的人生是怎样的感觉，他虽总是一身白衣，却已有了宰相气度，与他交好的人总是戏称他为"白衣卿相"。在翰林学士的官职上，白居易有了许多与唐宪宗接触的机会，一些重要的文稿经常由白居易来起草，久而久之，白居易得到了唐宪宗的器重。

元和三年（808年）四月，白居易再次升迁，被授予左拾遗官位。那是元稹曾经的官职，官位不高，俸禄却丰厚，更有参与朝政的机会。坐在这个位置上，他难免思念元稹。

白居易总是惦记着朋友，却忘了自己不知不觉已经三十七岁，婚姻大事尚未有着落，母亲心急如焚，已经开始四处托人寻觅门当户对的好姑娘。白居易却并不放在心上，他还是想娶湘灵，可惜母亲执意不肯，甚至以死相逼，让白居易彻底断了与湘灵厮守一生的念想。

于是，就在这一年，白居易终于成婚了。他的妻子不是湘灵，而是好友杨虞卿的从妹杨氏。白居易和杨虞卿早在贞元十五年（799年）便已相识，那时，杨虞卿得知白居易年近三十尚未婚配，便有意把从妹介绍给他。白居易因为心心念念要娶湘灵，便婉言谢绝了。

或许是姻缘天定，兜兜转转近十年，杨氏还是成为了白居易的妻子。弘农杨氏的门第比白家还要高，这样的家庭里走出的女子，才是白居易母亲心目中完美的儿媳。可是，成婚那日，白居易的眼里却写满了落寞。

他并非真的想成婚，只是希望湘灵不要再苦等自己了。那个为自己耗尽了青春的女子，年过三十，依然没有嫁人。他已经辜负了湘灵的前半生，只希望她的后半生能有一个好归宿。

成婚之前，白居易曾在杨家留宿。那一晚，他们都喝醉了。杨氏兄弟不胜酒力睡下了，白居易却睡不着，一个人披衣走下台阶，站在中庭。深夜里，他沉默不语，月光下，呆呆地看着藤花在台阶上投下的影子，心里在默念一个遥远的名字。

杨氏是大家闺秀，言行皆得体。婚后的日子平静无波，白居易不是不喜欢杨氏，可这份喜欢，却很难转变成爱。或许，这与他们自幼的家境有关。杨氏家境富贵，自幼没有吃过苦，对吃穿用度处处讲究，白居易却出身贫寒，衣食不足，过惯了苦日子。生活中，夫妻二人难免因为一些琐事而话不投机。

新婚燕尔，白居易为杨氏写下一首诗，他希望妻子知道，自己愿意与她相濡以沫、相守一生，但也希望妻子能学会过安贫日子，与他一起同甘共苦：

赠内

生为同室亲，死为同穴尘。

他人尚相勉，而况我与君。

黔娄固穷士，妻贤忘其贫。

冀缺一农夫，妻敬俨如宾。

陶潜不营生，翟氏自爨薪。

梁鸿不肯仕，孟光甘布裙。

君虽不读书，此事耳亦闻。

至此千载后，传是何如人？

人生未死间，不能忘其身。

所须者衣食，不过饱与温。

蔬食足充饥，何必膏粱珍？

缯絮足御寒，何必锦绣文？

君家有贻训，清白遗子孙。

我亦贞苦士，与君新结婚。

庶保贫与素，偕老同欣欣。

白居易用四位贤者妻子的故事，告诫妻子应向贤妇学习：战国时的齐国隐士黔娄宁愿穷困也不愿出山做官，他的妻子便心甘情愿与他一起过苦日子；春秋时期晋国人冀缺从贵族变成农民，可妻子与他依然相敬如宾；东晋隐士陶渊明不懂生计，他的妻子便自己烧火做饭操持家务；东汉隐士梁鸿放弃官职，他的妻子孟光也穿上布裙随他隐居。

白居易知道，杨氏虽然读书不多，但也一定听过这些故事。他希望杨氏能以这些贤妇为榜样，将她们的品质继承下去，只要人活一天，便要修身正直。白居易告诫妻子，人的本能欲望，不过是丰衣足食而已。蔬菜已能填饱肚子，何必去追求珍馐美味？丝绵衣被已足够御寒，何必追求绣有花纹的织锦？杨氏祖上便有遗训，希望子孙清白，杨氏应该从小就懂。白居易希望夫妻二人能过清贫与高洁的日子，白头偕老，一生欢欣。

不知杨氏看到这番训诫，会是怎样的心情。白居易诗中的那些贤妇品质，湘灵都有。或许，他希望把杨氏打造成湘灵的样子，若是那样，自己对杨氏的爱会不会多一些呢？

然而，杨氏终究不是湘灵。初涉政坛的白居易，也没有办法将更多心思放在小情小爱之中，还有更大的政治风波等待着他去经历。

白居易初任左拾遗不久，朝廷举行了一场科试，只为选拔敢于直言进谏的正直官吏，参加考试的翰林学士牛僧孺、皇甫湜等三人因为敢于毫无顾忌地议论朝政弊端，被主考官和复考官一致同意列为上等，然而，却遭到了宰相李吉甫与一众宦官的反对。他们指控皇甫湜为复考官王涯的外甥，认为其有徇私舞弊的嫌疑。唐宪宗竟然听信了李吉甫的谗言，将一众主考官与复考官贬官。

　　白居易为此义愤填膺，奋笔疾书了一篇《论制科人状》，呈给唐宪宗，替这几人鸣不平。唐宪宗看过之后却有些恼火，认为白居易出语攻击他人，妄议朝政，辜负了自己对他的提拔。这样一篇文章，也让白居易不知不觉站在了李吉甫的对立面，遭人嫉恨。唐宪宗对白居易也失去了往日的和颜悦色，言辞之间流露出不满之意。

　　波谲云诡的官场，终究还是难以容下这棵挺拔的竹子。唯一让白居易感到欣慰的是，被贬官的元稹在为母丁忧三年之后，终于重获提拔，被任命为监察御史，返回京城。

　　昔日旧友重逢，白居易除了感慨，更踌躇满志。他希望自己与元稹能携手同行，干出一些名堂来。

痛不眠，终不悔

今生风华，若无人能懂，再回首旧时年华，唯有一杯酒饮一杯愁，咽下一段老去的忧伤。好在，白居易与元稹团聚了，他们懂得彼此的梦想与抱负，欣赏彼此的一腔热忱。光阴尚未老去，他们还有的是时间去实现大成就。

刚刚成为左拾遗不久的白居易，深知参议朝政的机会来之不易。他从不因自己出身寒微而妄自菲薄，也不曾因为只做过周至县尉这样的小官而灰心。杜甫与陈子昂都是他的榜样，白居易欣赏他们的才名，如果不是因为时运不济，他们的仕途不可能只在拾遗的官位上终结。

成为一名谏官的白居易，希望为君国忠直进谏，只可惜朝中没有大事发生，白居易无事可谏。上任数月，除了按部就班地上朝、下朝，他几乎无所事事。看着书写谏章的纸堆满桌案，却无事可谏，白居易深深感到惭愧，只得写诗自嘲：

初授拾遗

奉诏登左掖，束带参朝议。

何言初命卑，且脱风尘吏。

杜甫陈子昂，才名括天地。

当时非不遇，尚无过斯位。

况予寒薄者，宠至不自意。

惊近白日光，惭非青云器。

天子方从谏，朝廷无忌讳。

岂不思匪躬？适遇时无事。

受命已旬月，饱食随班次。

谏纸忽盈箱，对之终自愧。

　　其实，朝中并不是无事可谏，而是白居易已经感受到唐宪宗对自己的态度越发冷淡。即便白居易想要谏言些什么，也会立刻遭到李吉甫一党的反驳。只有元稹，无论何时都站在他这一边，这也是白居易在朝中仅有的安慰。

　　元和四年（809年）春，元稹奉命出使剑南东川。此番出使，元稹为了报效朝廷一心为民，他马不停蹄昼夜兼程，一赶到东川，便着手调查，很快便查明了大量前东川节度使贪赃枉法的罪证。当地贪官污吏害怕元稹，出重金贿赂，皆被元稹严词拒绝。回到京城，元稹将所查明的情况呈报给唐宪宗，唐宪宗大怒，立刻严惩东川贪官污吏，当地百姓拍手称快，四处称颂元稹明察秋毫。白居易专门为元稹写诗，称他"其心如肺石，动必达穷民。东川八十家，冤愤一言申"。

　　然而，元稹如此大刀阔斧地严惩贪官，势必会触犯一些人的利益。朝中旧官僚阶层与藩镇集团处处打压元稹，并且在刻意地寻找一些机会，打算将元稹从京城排挤出去。

　　官职渐冷，让元稹无比失落。他不明白，为什么自己做了一件让百姓拍手称快、对朝廷大有益处的好事，却反而被朝中一些官员不容。被吐蕃占领的凉州失地尚未收复，边城将领只知饮酒作乐，这些京城官员为什么不去想办法惩治他们？

元稹的苦恼与不愤，只能说给白居易听。他写下一首诗，拿给白居易看，或许也只有白居易能看懂他想表达的意思：

西凉伎

吾闻昔日西凉州，人烟扑地桑柘稠。

蒲萄酒熟恣行乐，红艳青旗朱粉楼。

楼下当垆称卓女，楼头伴客名莫愁。

乡人不识离别苦，更卒多为沉滞游。

哥舒开府设高宴，八珍九酝当前头。

前头百戏竞撩乱，九剑跳踯霜雪浮。

狮子摇光毛彩竖，胡腾醉舞筋骨柔。

大宛来献赤汗马，赞普亦奉翠茸裘。

一朝燕贼乱中国，河湟没尽空遗丘。

开远门前万里堠，今来蹙到行原州。

去京五百而近何其逼，天子县内半没为荒陬，西凉之道尔阻修。

连城边将但高会，每听此曲能不羞？

白居易怎能不明白，在唐朝最强盛的时期，凉州（今甘肃省武威市）是繁华的边地。那里人口稠密，六业兴旺，市场繁荣，去过那里的人皆流连忘返。那时候，边疆小国纷纷臣服于唐朝，向朝廷纳贡。

昔日的强盛与如今的国事衰微形成鲜明对比，如今，河湟一带已人烟稀少，只余空旷山丘，甚至京畿附近也是一派荒凉之景。曾经，西出长安万里之内皆是唐朝疆土，如今只剩下区区五百里了。然而，那些手握实权的统治者却不以此为耻，依然夜夜笙歌，不务正业，只会为了利益与朝廷内部官员争斗，从没想过要将失去的土地统统收复回来。

白居易看了这首诗，满腔激愤，为了应和元稹，他也写诗一首：

西凉伎

西凉伎，西凉伎，假面胡人假狮子。

刻木为头丝作尾，金镀眼睛银帖齿。

奋迅毛衣摆双耳，如从流沙来万里。

紫髯深目两胡儿，鼓舞跳梁前致辞。

应似凉州未陷日，安西都护进来时。

须臾云得新消息，安西路绝归不得。

泣向狮子涕双垂，凉州陷没知不知？

狮子回头向西望，哀吼一声观者悲。

贞元边将爱此曲，醉坐笑看看不足。

娱宾犒士宴监军，狮子胡儿长在目。

有一征夫年七十，见弄凉州低面泣。

泣罢敛手白将军，主忧臣辱昔所闻。

自从天宝兵戈起，犬戎日夜吞西鄙。

凉州陷来四十年，河陇侵将七千里。

平时安西万里疆，今日边防在凤翔。

缘边空屯十万卒，饱食温衣闲过日。

遗民肠断在凉州，将卒相看无意收。

天子每思常痛惜，将军欲说合惭羞。

奈何仍看西凉伎，取笑资欢无所愧？

纵无智力未能收，忍取西凉弄为戏！

　　唐朝军中有表演狮子舞的习俗，曾经，凉州还没有被吐蕃人占领的时候，戴着胡人假面具的演员与舞狮演员配合着在军中上演了一幕幕热闹的场景。当凉州被攻陷的消息传来之时，无论是台上的演员还是台下的观众，皆是满脸悲戚之情。然而多年以后的今天，唐朝的边关将士却将狮子舞当成娱乐，无论是宴请宾客，还是犒劳士兵，抑或会宴三军将士，都要边饮酒边看狮子舞，不知疲倦。

　　那些无所事事的边关将士根本无意收复失地，狮子舞原本是严肃的，有召唤将士们起来行动的意图。他们即便不去收复西凉，也不应该将狮子舞当成娱乐。唐朝的土地一点点被蚕食，那些本应保家卫国的将士却无动于衷。就连用来鼓舞士气的狮子舞，都无法让他们麻木的精神觉醒。既然如此，狮子舞还有什么意义？

　　可惜，白居易与元稹的义愤填膺根本无人在意。朝中的旧官僚们苦心孤诣地寻找排挤元稹的办法，终于抓住一个机会，将元稹外遣，令他分务东台。所谓东台，就是东都洛阳的御史台。他们的用意很明显，就是打算将元稹闲置起来。

　　都说福无双至、祸不单行，就在元稹遭贬后不久，他的妻子韦丛不幸病故。元稹向来与聪慧贤淑的妻子感情极好，此番突如其来的打击，让元稹难遣伤痛，夜不成眠。

得知韦丛离世的白居易一连写去几封信安慰元稹，若不是实在脱不开身，他一定会亲自前往洛阳探望元稹。可惜，朝中越来越不太平，唐宪宗的决断也越来越荒谬。

白居易看得出来，唐宪宗希望成为明君，平定藩镇，却又缺乏明君的魄力，一味地向宦官与藩镇妥协。

就在元稹去往洛阳之后不久，荆南道节度使裴均和山南东道节度使、守司空、同平章事于頔请求觐见唐宪宗，白居易看出这二人的不良居心，力劝唐宪宗拒绝召见。

然而，在永贞事变当中，裴均助唐宪宗登基有功，唐宪宗不仅没有听取白居易的谏言，接见了裴均，还授予他同平章事的官职。裴均的养父是唐德宗时期的巨宦窦文场，因此，他与宦官之间有极深的利益纠葛。眼看朝野上下因为裴均的升迁而议论纷纷，白居易及时谏言，唐宪宗这才无奈将裴均改封为山南东道节度使。

没过多久，天下大旱，裴均在任上四处搜刮民脂民膏，向唐宪宗进献银器一千五百余两，唐宪宗全部收下，给了裴均他想要的官职。白居易只得再次谏言，将一篇《论裴均进奉银器状》呈送给唐宪宗，揭露裴均搜刮民财的罪行，可惜石沉大海。

唐宪宗似乎有意提拔永贞事变中拥护他登基的臣子们。严绶曾在永贞事变中向唐顺宗上表，请皇太子——也就是如今的唐宪宗监国，因此一直获得唐宪宗的优待。唐宪宗打算让严绶取代清廉的赵宗儒为江陵节度使，白居易再次谏言反对。他评价严绶怯懦无耻，依附宦官，毫无才能，不配担任节度使。如果严绶取代赵宗儒，一定会令群情激愤，有损朝廷威严。

可唐宪宗认定严绶对他忠心耿耿，虽然能力不足，却绝对恭谨。因此，他执意不肯接纳白居易的谏言，依然封严绶为江陵尹、荆南节度使。

一次次遭受皇帝的冷遇，白居易兼济天下的志向从一开始实施便步履维艰。在遭贬的革新派人士心目中，白居易是个敢作敢为的正直君子；而在旧官僚眼中，他却是个像元稹一样不得不除掉的眼中钉。

第四章

步履维艰·朝市太喧嚣

木秀于林，风必摧之

品行出众的人，总能引来无端的嫉妒与猜疑。自从担任左拾遗，白居易承受了太多非议。他本是一块美玉，别人却因为做不到他那般无瑕，便要将他诋毁，这便是人性的丑陋之处。

对于皇帝与朝廷，白居易还是抱有希望的。一开始担任左拾遗，白居易总是不遗余力地进谏，无论军国要政，还是琐碎小事，都竭尽所能谏言。

皇帝为了充盈后宫，每隔几年便要在民间挑选宫女，选为嫔妃。在寻常人眼中，那些被选中的女子是幸运的，成为皇帝嫔妃，一朝富贵，家族沾光。然而，只有那些从此被幽闭深宫的女子们心里懂得，那是怎样的寂寞与悲苦，她们的青春与幸福，都在被选为秀女的那一刻葬送了。

元和四年（809 年）三月，白居易向唐宪宗呈上一篇《请拣放后宫内人》奏状，谏言道：后宫人数越来越多，除去可供差遣的人数，剩下无事可做的人也不是一个小数目。这些人都需要穿衣吃饭，造成皇宫内极大的浪费。并且，自从进宫，他们便与家人隔绝开了，难免有幽闭旷怨之苦。于情于理，都应该挑出一些宫女，把她们放出宫去。

为了引起唐宪宗对自己提议的重视，白居易在呈上奏状之后，又写诗一首：

上阳白发人

天宝五载以后，杨贵妃专宠，后宫无复进幸矣。
六宫有美色者，辄置别所，上阳是其一也。贞元中尚
存焉。

上阳人，上阳人，红颜暗老白发新。

绿衣监使守宫门，一闭上阳多少春。

玄宗末岁初选入，入时十六今六十。

同时采择百余人，零落年深残此身。

忆昔吞悲别亲族，扶入车中不教哭。

皆云入内便承恩，脸似芙蓉胸似玉。

未容君王得见面，已被杨妃遥侧目。

妒令潜配上阳宫，一生遂向空房宿。

宿空房，秋夜长，夜长无寐天不明。

耿耿残灯背壁影，萧萧暗雨打窗声。

春日迟，日迟独坐天难暮。

宫莺百啭愁厌闻，梁燕双栖老休妒。

莺归燕去长悄然，春往秋来不记年。

唯向深宫望明月，东西四五百回圆。

今日宫中年最老，大家遥赐尚书号。

小头鞋履窄衣裳，青黛点眉眉细长。

外人不见见应笑，天宝末年时世妆。

上阳人，苦最多。

少亦苦，老亦苦，少苦老苦两如何！

君不见昔时吕向《美人赋》，又不见今日上阳宫人白

发歌！

　　白居易用文字勾勒出一名天宝年间被幽禁在宫廷中的可怜女子的形象，希望唐宪宗看到她的遭遇能为之动容。暮年宫女，最是绝望，十六岁入宫，如今已六十岁，白发如银，人生中无数个春夏秋冬，就在幽闭的上阳宫中度过了。想当初，被选进宫时，还是玄宗末年，那时一同入宫的，还有一百多个女子，如今只剩她一人。

　　那时，她们一同忍泪吞声，痛别亲人，被扶进车里，却不允许哭泣。人人都说，只要进了皇宫便会承受恩宠，可惜，那样如花的样貌，引来了杨贵妃的妒忌。还没能见到君王一面，就被偷偷送进上阳宫，一生独守空房。

　　上阳宫中的夜晚如此漫长，一盏残灯照着一个孤独的身影，独坐到天亮。好不容易盼到夜色消逝，黄莺啼唱，她的心中却无半点欣喜，反而满怀愁绪。就连梁上的燕子都是成双成对的，老去的宫女却连嫉妒燕子的资格都没有。她已不知在宫中度过了多少年月，只知道看着月亮东升西沉，圆缺了四五百次。

　　她成了上阳宫中最老的人，皇帝听说后，只远远地赐了个"女尚书"的称号。因为常年幽闭上阳宫，她已不知外面的女子改换了怎样的妆容。她的妆容，还保留着天宝末载的

样子，若是此时被外人看到，一定会笑话她妆容陈旧吧？

上阳宫，成了苦痛的代名词。年轻时也苦，老了也苦，可是孤苦一生又如何？又有谁会为她的遭遇感伤呢？

或许，能替宫中女子悲伤的，只有白居易一人。他的奏状连同这首诗，一同被唐宪宗搁置一旁。

那一年夏天，久旱无雨，饿殍遍地，唐宪宗为了求雨，写下一篇"罪己诏"。白居易向唐宪宗谏言，仅仅写一篇"罪己诏"远远不够，他恳请皇帝豁免江淮两地赋税，放一部分宫女出宫，以期获得上天宽恕降雨。唐宪宗一一照办了，没过多久，果然天降甘霖，白居易为此特意作诗庆贺：

贺雨

皇帝嗣宝历，元和三年冬。自冬及春暮，不雨旱爞爞。
上心念下民，惧岁成灾凶。遂下罪己诏，殷勤告万邦。
帝曰予一人，继天承祖宗。忧勤不遑宁，夙夜心忡忡。
元年诛刘辟，一举靖巴邛。二年戮李锜，不战安江东。
顾惟眇眇德，遽有巍巍功。或者天降沴，无乃儆予躬。
上思答天戒，下思致时邕。莫如率其身，慈和与俭恭。
乃命罢进献，乃命赈饥穷。宥死降五刑，已责宽三农。
宫女出宣徽，厩马减飞龙。庶政靡不举，皆出自宸衷。
奔腾道路人，伛偻田野翁。欢呼相告报，感泣涕沾胸。
顺人人心悦，先天天意从。诏下才七日，和气生冲融。
凝为油油云，散作习习风。昼夜三日雨，凄凄复濛濛。
万心春熙熙，百谷青芄芄。人变愁为喜，岁易俭为丰。
乃知王者心，忧乐与众同。皇天与后土，所感无不通。

冠珮何锵锵，将相及王公。蹈舞呼万岁，列贺明庭中。
小臣诚愚陋，职忝金銮宫。稽首再三拜，一言献天聪。
君以明为圣，臣以直为忠。敢贺有其始，亦愿有其终。

白居易希望借此诗歌颂唐宪宗的政绩，更希望唐宪宗能做到有始有终，坚持爱国爱民的政策。可惜，这终究只是白居易的一厢情愿。

从北魏开始兴起的和籴制度，到了中唐以后，已成了农户最大的困扰。原本，和籴制度是为了聚米备荒、赈济灾民之用，到后来却渐渐演变成朝廷以强制手段向民间征购粮食。各府县按照散户配人的方法强制执行和籴制度，并没有公正的价格，甚至有些地方的府衙以"杂色匹缎"充数，抵扣收购粮食的银两，让百姓遭受层层剥削，并且，和籴之粮还要由百姓亲自运送到指定的州县，农户苦不堪言。多年来，朝廷曾多次下令，力图消除和籴制度中的弊端，但始终未见成效。

白居易自幼便深知和籴之苦，这一年秋收时节刚到，他便向唐宪宗呈上一篇《论和籴状》，陈述和籴制度对百姓的伤害。唐宪宗却认为白居易无中生有，竟敢指责到皇帝头上，一怒之下，将白居易关入大牢。

好在有李绛求情，白居易只被关了一日便释放了。第二日早朝，唐宪宗故作大度地向白居易请教和籴制度的弊端，白居易丝毫不害怕再招来牢狱之灾，建议唐宪宗提高官府收米的价格，让百姓自愿卖粮，或是用粮食抵扣青苗税，令百姓受益。只可惜，唐宪宗不过是敷衍了事，在朝臣面前摆足了大度的姿态，又将白居易的谏言搁置下来。

白居易对朝政知无不言，却遭冷遇，心中异常苦闷。他向朝廷告了几天假，前往距京城百里外的紫阁山散心。从紫阁山上下来，已是傍晚，白居易来到山脚下的一处村庄投宿。

村中的一位老者得知他就是大名鼎鼎的白居易，十分欣喜，热情地为他摆酒设宴。白居易刚刚端起酒杯，还未沾唇，老者家的院门竟被粗暴地踹开了，一群凶神恶煞的士兵冲了进来。

为首的那个人，身着紫衣，带着刀斧。他的身后跟着十几个人，乱糟糟的。他们不容分说，夺走桌上的酒菜，老者不敢反抗，退后几步，恭敬地垂手而立。

老者家的院子里长着一棵珍奇的树，那些人吃罢酒菜，挥起斧头朝那棵树砍去，一边砍还一边警告老者，他们是为皇上伐木营造的人，是神策军。

白居易此前听老者说，这棵树是自己亲手种下的，已经三十几年了，全家人对它异常爱惜。如今看到这棵树被连根砍断，老者心里在滴血，他不知哪里来的勇气，想要上前和砍树的人拼命，白居易立刻拉住了老者，悄声在他耳边劝告："这些都是神策军的人，如今正受皇帝恩宠信任，得罪不起。"

所谓"神策军"，本是西部的地方军，后来因"护驾有功"而成为皇帝的禁卫军。到了唐德宗时期，神策军首领开始由宦官担任，他们权势熏天，把持朝政，打击正直官吏，纵容手下虐待百姓，坏事做尽。到了唐宪宗登基，宦官吐突承璀得宠，成为左神策军护军中尉，又在元和四年（809年）领功德使，替唐宪宗修建安国寺，为其树立功德碑。于是，这一批负责营造的神策军，已经炙手可热，不可一世，就连身为朝廷左拾遗的白居易都不放在眼里。

白居易知道，即便自己向唐宪宗反映此事，也不会受到重视。无奈之下，只得用一首诗来讽刺宦官执掌的神策军对百姓的罪恶行径：

宿紫阁山北村

晨游紫阁峰，暮宿山下村。

村老见予喜，为予开一尊。

举杯未及饮，暴卒来入门。

紫衣挟刀斧，草草十余人。

夺我席上酒，掣我盘中飧。

主人退后立，敛手反如宾。

中庭有奇树，种来三十春。

主人惜不得，持斧断其根。

口称采造家，身属神策军。

主人慎勿语，中尉正承恩！

神策军对百姓的暴行已让白居易气愤不已，更令他气愤的是，唐宪宗竟然派宦官吐突承璀率兵讨伐成德节度使王承宗。这场战争关系重大，白居易再也忍耐不住，极力劝说唐宪宗不要派宦官领兵，以免贻误战事。

然而，刚愎自用的唐宪宗无比信任吐突承璀，对白居易的谏言充耳不闻。这场战争持续了整整十个月，果然不出白居易所料，吐突承璀逢战必败，耗尽粮饷，军心日益动摇，如果继续下去，很可能会影响朝廷的稳固。

　　白居易冒死一连呈上三道奏状，希望唐宪宗迅速撤兵。唐宪宗虽不情愿，只得无奈下诏：恢复王承宗成德节度使的职位，同时担任德、棣二州观察使。战事虽然停歇，但国家日渐风雨飘摇，白居易看在眼里，心中满是对国家命运的忧虑。

声声"新乐府"，唱世间炎凉

阅尽世间沧桑后才知，有时虽愤怒，却又无可奈何，只能低下头来转身离去，安静蛰伏，静待漫长的严冬过去，才能迎接万物更新。

在唐宪宗那里感受到的冷遇，并未让白居易彻底失去谏言政事的热情。然而，好友元稹的遭遇，却几乎让白居易对如今的朝廷心灰意冷。

元和五年（810年），身为东都御史台监察御史的元稹，上奏折弹劾河南府尹房式的不法之事。房式本是唐朝开国重臣房玄龄的后人，可惜并未继承祖辈品德。他为人心术不正，善于用花言巧语满足上级官员的虚荣心而求得生存，是个不折不扣的小人。只可惜，元稹没有等到唐宪宗下令，便擅自令房式停职，这引来了唐宪宗的不满，不仅罚元稹一个月的俸禄，还将其召回京城问责。

元稹返回京城途中，经过华州华阴县敷水驿，准备在此住宿。没过多久，宦官刘士元等人也来到敷水驿，蛮不讲理，偏要与元稹争抢厅室。元稹本是先来的，已经住了进去，于是据理力争，不肯相让。刘士元等人便破门而入，大声叱骂元稹，还将马鞭向元稹脸上抽过去，元稹脸上立刻皮开肉绽，鲜血淋漓，最终被强行赶了出来。

元稹本没有错，可当唐宪宗得知此事，竟认为元稹年轻气盛，自作威福，将元稹贬为江陵士曹参军。元稹只是在驿馆与宦官发生争执，且错不在他，事后再无过错，如此处罚，是罪不当罚，与法有违。翰林学士李绛、崔群等正直官员纷纷上奏，称元稹无罪。白居易自然更要替好友据理力争，他在奏状中说："宦官凌辱当朝臣子，不向宦官问责，反而先将元稹贬官，恐怕从此以后宦官外出会越发强横凶恶，请皇上不要将元稹治罪。"

然而，唐宪宗不肯听任何人的谏言，最终还是将元稹贬去江陵。自从元稹走后，白居易接二连三向唐宪宗谏言，恳请处罚宦官，召回元稹。唐宪宗一开始还能故作大度地表示考虑一下，到后来，索性连见白居易一面都感到厌烦。

白居易心怀期望，以为唐宪宗只是一时恼火，等消气之后便会对元稹从轻处理。他并未想到，元稹这次离京，等待他的是长达十余年的贬谪生活。

若白居易早能预知自己与元稹这漫长的别离，或许那首《代书诗一百韵寄微之》会更伤感一些吧？洋洋洒洒上千字的一首五言诗，是白居易替元稹鸣不平，更是对当权者的讽刺，同时也在忧虑自己孤立无援的处境。

元稹被贬离京，让白居易满心愤懑。那一日，他来到京城的游乐胜地乐游原，独自登上原顶，举目四望：落日正洒下温暖的余晖，正是黄昏时分。不知为何，东北方向却一片昏暗，金碧辉煌的宫阙都埋入烟云之中。

白居易喜欢站在这样空旷的高地，好像只有这样才能从污浊的气氛中逃离出来，让耳朵和眼睛暂时清爽明朗一下，只是胸口依然闷闷的，压抑之情依然得不到释放。他眺望长安城的十二条大街，只见绿树的中间飘扬起红尘。满街都是喧哗的车马与行人，可这些人中，却找不到他最希望看到的身影。

敢于直言进谏的孔戡，就在不久之前因受到诬陷忧愤而死，尸身就埋在荒凉的北邙，白居易还特意为他写了一首《哭孔戡》以示哀悼。如今元稹又被贬谪到偏远之地，他的未来又会有怎样的遭遇？

乐游原下大路南北纵横，一辆又一辆华盖马车从白居易脚下经过。他知道，坐在车里的人非富即贵，可是像他和元稹这样的正直之士，什么时候才能过上安稳日子？

白居易本打算出来散散心，周围的景象反而让他触景生情，更思念远方的元稹。如今朝中小人得志，正直之士饱受压迫，壮志难酬，他怎能不苦闷？一回到家，白居易便将自己的满腔压抑抒发在诗中：

登乐游园望

独上乐游园，四望天日曛。

东北何霭霭，宫阙入烟云。

爱此高处立，忽如遗垢氛。

耳目暂清旷，怀抱郁不伸。

下视十二街，绿树间红尘。

车马徒满眼，不见心所亲。

孔生死洛阳，元九谪荆门。

可怜南北路，高盖者何人。

一日，白居易被召入宫议事直到深夜，留宿在宫中。皇宫里的夜晚格外寂静，白居易又想起元稹，越是思念，便越是没有睡意。他索性翻身起床，坐在书案边，提笔写信给元稹。他写下自己对元稹的无限思念、无限关心，写好之后，将信纸仔细折好，轻轻装进信封，准备封口。

忽然之间，白居易觉得自己似乎还有很多话没有说完，便又把信从信封里取出来，仔仔细细地重读了一遍。思来想去，白居易并不知道该补充些什么内容，为此，他心潮难平，思绪万千，心中有些空虚茫然。

其实，他想要补充的内容实在太多，一时间竟不知从何说起。他想要关心元稹的生活起居，也想让元稹知道自己对他不幸的遭遇有多么同情，对朝廷中的恶势力有多么痛恨，也想向元稹倾诉自己这段时间的所思所想、所见所闻以及遭遇，更想和元稹商量一下该如何替他申冤，他们未来的仕途该如何走。

可是最终，白居易还是没有决定先从哪里修改。他怎会不知道，如今朝廷里恶势力庞大，单凭他一己之力寡不敌众，正不压邪，元稹的事情一时半刻也得不到解决。身为好友，白居易觉得愧对元稹，只好一狠心将信撕掉重写。如此写了撕，撕了又写，反反复复折腾几次，不知不觉已到了五更，马上就要上早朝了，信还是没有完全写好。

微弱的烛火，奄奄一息地摇曳着，与远处的寒灯相映衬。

白居易看着烛光，神情越发茫然。他没有时间继续修改了，这封信无论如何都必须立即封起来寄走了。那一刹那，白居易有些舍不得从寂寞中抽离，因为只有沉浸在寂寞中，他才能任由自己对元稹的思念之情驰骋。一旦进入现实的世界里，又要立刻面对朝野的纷争，想到此处，白居易的心情莫名地焦躁起来，一抹淡淡的哀愁袭上心头，于是趁着上早朝前仅有的这一点时间，他提笔写诗：

禁中夜作书与元九

心绪万端书两纸，欲封重读意迟迟。

五声宫漏初鸣后，一点窗灯欲灭时。

元稹贬官期间，白居易每隔一段时间便会写诗寄给他，他也会寄来回信，与白居易的诗相唱和。一次在信中，白居易告诉元稹，打算把自己创作的"美刺比兴""因事立题"的一些诗作编为《新乐府》。

所谓乐府，是西汉设置的掌管宫廷和朝会音乐的机构。由乐府采集和创作的诗歌被称作"乐府诗"，其中大部分采集自民间，皆是反映现实的内容，通俗易懂。后来文人们也曾仿照乐府诗的风格来作诗，南北朝以前创作的乐府诗，皆被唐朝人称为"古乐府"。

白居易曾在写给元九的信中说："文章合为时而著，歌诗合为事而作。"他的这一想法，是深受杜甫的影响。杜甫的新乐府诗，既用新题，又写实事，白居易打算沿袭杜甫的传统，专门以新乐府诗讽刺现实。

元稹与白居易一拍即合，他们都主张恢复古代的采诗制度，将汉魏时期乐府诗讽喻实事的传统发扬起来，让诗歌不仅能抒发感情、记录实事，更能"补察时政""泄导人情"。

白居易的新乐府诗文辞质朴易懂，这也是他作诗的一贯原则，用直截了当的言语切中时政弊端，有根据的语言才能令人信服。除此之外，还要词句通顺。虽然不刻意追求入乐，但也要具备入乐的条件。他推崇的新乐府诗，为君、为臣、为民、为物、为事而作，唯独不为文而作。

白居易与元稹都是诗才盖世之人，在他们的倡导下，张籍、王建、李绅等人纷纷加入新乐府诗的创作当中。他们都已经意识到，唐王朝正在走向衰落，藩镇割据、宦官擅权、赋税繁重、战祸频繁等矛盾都越发凸显。身为朝廷中的正直之士，他们对这些现实中的弊病认识得更透彻，希望朝廷能对政治进行改良，让这些社会矛盾得到缓解。只有这样，唐王朝才有重返兴盛的希望。

渐渐地，新乐府诗自成一体，按照白居易提出的主张创作下去。白居易的《新乐府五十首》《秦中吟十首》，皆是根据新乐府精神所创的诗歌。

为了反映劳动人民所遭受的残酷剥削和压迫，替百姓的悲惨命运鸣不平，白居易在《杜陵叟》中写道：

剥我身上帛，夺我口中粟。

虐人害物即豺狼，何必钩爪锯牙食人肉？

又在《卖炭翁》中写道：

一车炭，千余斤，宫使驱将惜不得。

半匹红绡一丈绫，系向牛头充炭直。

为了讽刺统治阶级的骄奢淫逸，以及当时的贫富差距，白居易在《缭绫》中写道：

昭阳舞人恩正深，春衣一对值千金。

汗沾粉污不再着，曳土踏泥无惜心。

缭绫织成费功绩，莫比寻常缯与帛。

丝细缲多女手疼，轧轧千声不盈尺。

又在《重赋》中写道：

岁暮天地闭，阴风生破村。

夜深烟火尽，霰雪白纷纷。

幼者形不蔽，老者体无温；

悲喘与寒气，并入鼻中辛。

昨日输残税，因窥官库门；

缯帛如山积，丝絮如云屯。

号为羡余物，随月献至尊；

夺我身上暖，买尔眼前恩。

进入琼林库，岁久化为尘。

为了反映边地士兵之苦与反对穷兵黩武，他在《新丰折臂翁》中写道：

君不闻开元宰相宋开府，不赏边功防黩武。

又不闻天宝宰相杨国忠，欲求恩幸立边功。

边功未立生人怨，请问新丰折臂翁。

为了讽刺主管盐政者的无能，他在《盐商妇》中写道：

每年盐利入官时，少入官家多入私。

官家利薄私家厚，盐铁尚书远不知。

因为同情女子在爱情中遭受封建礼法的迫害，他在《井底引银瓶》中写道：

为君一日恩，误妾百年身。

寄言痴小人家女，慎勿将身轻许人。

白居易的新乐府诗，曾使权贵变色，执政者扼腕。他在用这样的方式与昏暗的政权斗争，也正因如此，他的命运即将发生转折。

被遗忘的翰林

新乐府诗的发扬，让白居易在文坛名气日盛。他的新乐府诗，首首针砭时弊，触怒了一大批当权者，甚至惹恼了皇帝。

这些年来，白居易见到不少朝中重臣朝蒙恩宠而夕遭贬谪，"伴君如伴虎"的滋味，他深有感触，却又无法明说，只能在诗中假借夫妇来讽刺君臣的不终：

太行路·借夫妇以讽君臣之不终也

太行之路能摧车，若比人心是坦途。

巫峡之水能覆舟，若比人心是安流。

人心好恶苦不常，好生毛羽恶生疮。

与君结发未五载，岂期牛女为参商。

古称色衰相弃背，当时美人犹怨悔。

何况如今鸾镜中，妾颜未改君心改。

为君薰衣裳，君闻兰麝不馨香。

为君盛容饰，君看金翠无颜色。

行路难，难重陈。

人生莫作妇人身，百年苦乐由他人。

行路难，难于山，险于水。

不独人间夫与妻，近代君臣亦如此。

君不见左纳言，右纳史，朝承恩，暮赐死。

行路难，不在水，不在山，只在人情反覆间。

　　白居易一开篇便点出人心的险恶：太行山路崎岖不平，行走其间的车子也会被山路损毁，但与人心比起来，太行山路反而显得平坦宽阔；巫峡之水能倾覆航行其间的船只，但与人心比起来，巫峡之水反而像是波澜不惊的小川流。

　　人心有多善变？白居易举例为证：东汉文学家赵壹曾说：当别人喜欢你时，仿佛你的身上会长出华丽的羽毛，当别人不喜欢你时，再好的皮肤也会被说成生疮流脓；刚刚结发的小夫妻，恩爱得像牛郎织女一样，可是还不到五年，两人就变成了势不两立的参星和商星，反目成仇；汉武帝的李夫人因为年老色衰而不再受到宠幸，李夫人因此心生怨恨，可是，有些女子明明依然青春貌美，她们的丈夫却已经变了心。

　　失去了男人恩宠的女人，无论怎么做，都再难让男人回心转意：你用麝香为他熏衣服，他觉得麝香都不够馨香；你为他盛装打扮，他看你头上的金饰都没有颜色。

　　人间路实在难行，尤其是那些必须依附男人生存的女人。只不过，这并不是白居易的真正用意，他真正的目的是替朝中那些处于弱势的臣子遭遇鸣不平。

　　在朝中做官，每一天都是战战兢兢的，即便是那些位高权重的官员，也时常有人早上还在承蒙圣恩，晚上便被赐死了。行路之难，说的便是仕途难行。君心难测，就如同诗中男人的心，随时都有可能像男子抛弃女子一样，抛弃身边的臣子。

如此直白地讽刺君臣关系，白居易着实勇气可嘉。只不过，他抨击权贵的言语多有力量，那些权贵对他的恨就有多深。

元和五年（810年）五月，白居易左拾遗任期将满，按惯例，应升为补阙，或是员外郎，然而事实并非如此。

一日，唐宪宗派人传话给白居易，说白居易官职低，俸禄少，然而之前在左拾遗任内，又不能超过等级。现在打算当什么官，就让他自己趁机提出来吧。

白居易哪里不明白，这番表面关心的话，实际却充满了皇帝对他的不信任。如今在朝中，白居易孤立无援，如果连皇帝的信任都得不到，恐怕朝堂之内就再也没有他的一席之地了。既然如此，不如暂离朝堂，先保全自身，再兼济天下。

于是，白居易主动呈上一封《奏陈情状》，其中写道：

今日恭迎圣旨，圣旨中说，臣官期将满，有意改任官职。陛下知道臣有所想法，便令臣写一封奏状呈上。臣心中所想不敢隐瞒，只跪地希望圣心仁慈，垂察我这愚蠢却勤恳之人。臣母亲多病，家境素来贫寒，衣食不足，无法好好供养母亲，缺医少药，白白让母亲心忧。臣心中实在焦急，这才不得不说。臣自请从左拾遗改任为京兆府判司，以前翰林院也有先例，与臣资历相近，但俸禄比之前稍稍多一些。如果能让臣担任此官，实在是臣莫大的荣幸。这样的话，能用来供养母亲的俸禄也稍稍宽裕一些，蒙受陛下的恩惠，臣不胜感激。无论如何不敢亵渎官职，无能下官惶恐请奏，等待圣旨批复。

唐宪宗果然准许了白居易的奏状，授予他京兆府户曹参军的职位。这是一个明升暗降的官职，等于将白居易从朝堂驱赶出去，让他再也没有参议朝政的机会。

命运无常，福祸难测。白居易本以为离开朝堂已足够伤怀，母亲的离世却让白居易陷入更巨大的悲伤。

元和六年（811年）四月，白居易的母亲因旧病发作，不幸坠井而亡。无比悲痛的白居易暂停官职，扶柩返乡。按礼制，白居易必须返回祖籍下邽，为母守孝三年。

细细算来，白居易已经近十年没有回来过了。他伴着母亲的灵柩，再次回到渭河北岸那座偏僻的小村庄，树丛和竹林环抱深处那几间茅屋，便是他们曾经居住的地方。

上一次回到下邽，还是白居易刚刚当上校书郎的时候。那时的他，对未来踌躇满志，曾对着渭水南岸壮丽的华山立下豪情壮志，酣畅痛快。

如今重返下邽，却是截然不同的心境。在官场中摸爬滚打多年，白居易已经灰心丧气。亲情本是他最大的安慰，可母亲的突然离世，又让他的精神支柱塌了一个角。白居易几乎是强打精神处理好母亲的后事，又去往河南新郑，将祖父和父亲的灵柩迁来下邽安葬。

如此一番折腾，让白居易终于支撑不住，病倒了。谁知，他的病尚未痊愈，刚满三岁的爱女金銮子突然重病，还来不及医治便夭折了。

回想两年前，金銮子周岁那一天，白居易喜不自胜，还专门为女儿写诗：

金銮子晬日

行年欲四十，有女曰金銮。

生来始周岁，学坐未能言。

惭非达者怀，未免俗情怜。

从此累身外，徒云慰目前。

若无夭折患，则有婚嫁牵。

使我归山计，应迟十五年。

年近四十才得一女，白居易怎能不疼爱有加？他惭愧自己只是个俗人，从此心中满是对女儿的牵挂与怜爱。从此以后，他心甘情愿让女儿成为他的"负累"，如果女儿能顺利长大成人，他要为她攒出足够的嫁妆钱，让她风风光光地出嫁。为此，他告老还乡的日子恐怕要推迟十五年了。

写下这首诗时的喜悦之情仿佛尚未退散，如今的金銮子却永远地闭上了双眼。白居易强撑病体，亲手为女儿下葬。一想到那娇小的身躯从此只能躺在冰冷的黄土之下，白居易的心都要碎了。

安葬好女儿之后，白居易把自己关在房间里痛哭失声，边哭边在纸上书写对女儿的思念，泪水洇开了墨迹，如同伤痛在纸上泛起的涟漪：

病中哭金銮子

岂料吾方病，翻悲汝不全。

卧惊从枕上，扶哭就灯前。

有女诚为累，无儿岂免怜。

病来才十日，养得已三年。

慈泪随声迸，悲肠遇物牵。

故衣犹架上，残药尚头边。

送出深村巷，看封小墓田。

莫言三里地，此别是终天。

从老宅到墓地，短短三里地的距离，却是永远无法跨越的生与死的距离。早上，白居易还在为母亲的离世而哭泣，到了晚上，又为爱女的夭折而哭泣。骨肉至亲一个又一个离开他，白居易觉得自己活着简直没有意义。巨大的悲痛让他病情更重，四肢无力，头晕眼花。他只有四十岁，却有着七十岁老者的心境。国事与家事都不能让他安心，无论是生活还是仕途，他都很难再找到斗争下去的勇气。

白居易有了隐居的念头，打算像陶渊明一样，余生交付田园。为了种田，白居易卖掉了一匹马、一头牛；为了学种田，他跑到田间地头，向农夫请教，还把自己学种田的经过写进诗中：

观稼

世役不我牵，身心常自若；

晚出看田亩，闲行傍村落。

累累绕场稼，喷喷群飞雀；

　　年丰岂独人，禽鸟声亦乐。

　　田翁逢我喜，默起具尊杓；

　　敛手笑相延，社酒有残酌。

　　愧兹勤且敬，藜杖为淹泊。

　　言动任天真，未觉农人恶。

　　停杯问生事，夫种妻儿获；

　　筋力苦疲劳，衣食常单薄。

　　自惭禄仕者，曾不营农作；

　　饱食无所劳，何殊卫人鹤？

　　在官场，白居易从不曾找到身心自若之感，没想到，在田间却找到了这种感受。傍晚沿着村庄散步，看茂盛的庄稼，就连鸟雀鸣叫之声都是欢快的，仿佛在为丰收庆贺。

　　走到一户农家，田翁热情地款待白居易。闲谈之间，白居易得知，农户终年辛劳，虽然庄稼丰收，自己却衣不蔽体、食不果腹。白居易不禁惭愧自己饱食终日无所事事，第二年春天，果然亲自下田，种了三十亩黍子和二十畦韭菜。

　　秋收时节，官府又来收缴租税。原本身为朝廷命官的白居易是不需要缴纳租税的，此时因为正离职守丧，所以必须缴纳全部租税。

　　那天晚上，有官吏前来白家叩门，大声催促白居易缴纳粟米。下人们不敢怠慢，甚至没等天亮，就去谷场点收灯米。金珠一般的粟米被一簸一簸地装上车，整整装了三十斛才装满一车。白居易还担心官吏们不满意，生怕他们鞭打自己家的仆人。

这一刻，白居易忽然感到惭愧，自己为官十载，四次升迁，不曾缴纳过租税，白食了朝廷十年俸禄。古人常说，人生的得与失都有定数，今日，白居易才认可这一道理，被拉走的那些粟米，就当补交这十年来应该上缴的租税吧。

那一夜的情形，白居易久久不能忘，还专门写入诗中：

纳粟

有吏夜叩门，高声催纳粟。

家人不待晓，场上张灯烛。

扬簸净如珠，一车三十斛。

犹忧纳不中，鞭责及僮仆。

昔余谬从事，内愧才不足。

连授四命官，坐尸十年禄。

常闻古人语，损益周必复。

今日谅甘心，还他太仓谷。

元和八年（813年）秋，白居易丁忧期满。按惯例，朝廷应该重新授予他官职。可是，如今朝中正当权的宰相李吉甫曾在元和三年（808年）的制科案中与白居易结仇，与李吉甫勾结一气的大宦官吐突承璀也与白居易结下梁子，他们二人成了白居易回朝的最大障碍。如此一来，白居易就成了被遗忘在朝堂之外的翰林，迟迟未能返京。

欲加之罪，何患无辞

行走在光阴里，怎能不怀揣一份对美好的向往？然而生命总有遗憾，有些故事尚未开始，就已注定遗憾的结局。

丁忧期满的白居易，在下邽苦苦等待朝廷的召唤。他的日子并不好过，这一年大旱，庄稼收成不好，又逢秋霜，刚一入冬就断了口粮。远在江陵的元稹听说白居易的遭遇，几次寄来衣服和银子，白居易粗略算了一下，从元稹那里得到的资助加起来竟然多达二十万钱。白居易知道，元稹的日子也不好过，为了资助自己，不知道他在江陵过着怎样节衣缩食的日子。

每次看到庭院中的竹子，白居易就会想到元稹。元稹就像竹竿一般孤高耿直，白居易最欣赏他这一品质。对于元稹的资助，白居易把感谢的话都放在心里。凭他们的关系，说"谢谢"两个字，未免生分。白居易为元稹寄去一首诗，通篇没有一个"谢"字，但他知道，自己的感激之情，元稹能懂：

酬元九对新栽竹有怀见寄

昔我十年前，与君始相识。

曾将秋竹竿，比君孤且直。

中心一以合，外事纷无极。

共保秋竹心，风霜侵不得。

始嫌梧桐树，秋至先改色。

不爱杨柳枝，春来软无力。

怜君别我后，见竹长相忆。

长欲在眼前，故栽庭户侧。

分首今何处，君南我在北。

吟我赠君诗，对之心恻恻。

　　一转眼，白居易的丁忧之期已结束半年，但朝廷依然没有起用他的意思。下邽百姓一年中经历春旱、秋霜两场天灾，许多人家的日子已经无以为继。

　　除了元稹，白居易在朝中的许多昔日旧友也纷纷资助他。李建听说白居易卖了马，便专程为他送来一匹马。只不过在村子里用不上马，白居易又把它还给了李建。此外，崔群、元结等人，有人送粮食，有人送药，还有人送钱，帮白居易支撑着遭受朝廷冷遇的这段生活。友情的暖，给了白居易极大的鼓励，可惜，下邽的寻常百姓就没有白居易这么幸运。

　　白居易亲眼看到村民们每天清早提着筐篮出门，到山里去挖地黄充饥。他想为村民做点什么，可家中的那点儿粮食，连他自己都勉强果腹，又如何去帮助别人？

　　一日黄昏，白居易看到一名村民垂头丧气地走在路上。他背后的筐篓里只有不到半筐地黄，那是他从清晨到黄昏这一日全部的收获，根本不够全家人充饥。

那村民经过一户有着红漆大门的富贵人家，门口坐着一位面容白皙的男子，一看就是富贵人家养尊处优的子弟。他似乎是刚刚吃饱喝足，正在门口饮茶消食。村民小心翼翼地趋步上前，神色有些紧张，却又不得不露出刻意逢迎的笑容。他把自己挖来的半筐地黄展示给白面男子，他知道，有钱人家是不屑于吃这些东西的，于是，就连言辞都有些结巴起来。他恳求白面男子收下自己这半筐地黄，且非常诚恳地保证，如果用这些地黄去喂马，能让马浑身的毛皮闪闪发亮。他不求用地黄换来银钱，只恳求白面男子给自己一些马吃剩的残谷，好让他拿回去为全家人充饥。

灾荒年代，人竟不如马。穷人与富人之间如此悬殊的差距，让白居易愤愤不平。可惜他此时没有官职在身，只能把自己所见所闻写进诗里，希望引起当权者的重视：

采地黄者

麦死春不雨，禾损秋早霜。

岁晏无口食，田中采地黄。

采之将何用？持以易糇粮。

凌晨荷锄去，薄暮不盈筐。

携来朱门家，卖与白面郎。

与君啖肥马，可使照地光。

愿易马残粟，救此苦饥肠。

元和八年（813年）十二月，接连五天大雪，白居易庭院中的竹子与柏树都被冻死了，他更心忧那些缺衣少食的农户。

渭村本不富裕，大部分都是贫寒农家，在利剑般刺骨的寒风中，他们单薄的衣衫连蔽体都困难，更不要提保暖。许多人只能点燃蒿草取暖，也只能带来微弱的暖意。冰冷的房间里，他们无法入睡，满面愁容守着火堆，一直坐到天亮。

灾年又逢大寒，本就不富裕的农人更加辛酸。白居易在朋友们的资助下尚好一些，只要关上草堂屋门，穿上皮袍，裹紧棉被，至少还能有一丝暖意。他愧疚自己不用遭受饥寒之苦，又不用像农人那样靠耕田谋生，身为官员，他有责任改善百姓的生活。此时此刻，他不得不想办法让自己尽快恢复官职了。

如今朝中奸佞当道，但白居易在朝中也结识了不少正直官员，他们当中不乏身居高位者，想要尽快恢复官职，只能求助于他们。

朝中官员里，最有可能为白居易提供帮助的，便是现任礼部侍郎崔群，以及现任中书舍人钱徽。想到此处，白居易立刻写下《渭村退居，寄礼部崔侍郎、翰林钱舍人诗一百韵》，分别寄给他们，希望他们能帮自己出仕。

然而如今李吉甫与吐突承璀在朝中只手遮天，白居易的昔日同僚们有心无力。如此又在等待中度过了大半年光景，春夏更迭，又到了秋日。

这天晚上，白居易走出家门，来到田野边。秋色正浓，秋草刚刚被寒霜打过，一片灰白。这是一个凄清的夜晚，行人绝迹，万籁无声，唯有小虫在窃窃低吟。白居易眺望着远处的荞麦田，一片皎洁的月光洒下，满地荞麦花被照得如同白雪般耀眼。或许今年能是一个丰收年吧，突然之间，白居易心境明朗了起来，困顿中的人，有时偏偏容易被这一点点美好的景致打动。他又想念元稹了，哪怕这一点小小的喜悦，他也希望分享给元稹：

寄元九

一病经四年，亲朋书信断。
穷通合易交，自笑知何晚。
元君在荆楚，去日唯云远。
彼独是何人？心如石不转。
忧我贫病身，书来唯劝勉。
上言少愁苦，下道加餐饭。
怜君为谪吏，穷薄家贫褊。
三寄衣食资，数盈二十万。
岂是贪衣食？感君心缱绻。
念我口中食，分君身上暖。
不因身病久，不因命多蹇。
平生亲友心，岂得知深浅？

给元稹的信刚刚寄出，白居易便等来了好消息。权势遮天的李吉甫在不久前去世了，朝中少了一个拦路石，白居易终于等来了重新入仕的机会。元和九年（814年）十月，白居易被任命为太子左赞善大夫，官阶正五品，主要职责是规讽太子。

可惜，太子并非贤才，白居易纵有一腔抱负，在太子这个庸人身上却得不到半点儿施展。对这个每天都在走下坡路的朝廷，白居易有些心灰意冷了。他开始迷恋禅宗，每日打坐静修，虽然这样做根本无法挽救朝廷的颓势，但至少能让白居易的心境平和下来。

元和十年（815年）正月，突然有消息传来——元稹要回京了！对于白居易而言，这无疑是天大的好消息。元稹也以为这次返京必然能重新受到重用，返京路上，途经蓝桥驿，元稹还题诗《留呈梦得、子厚、致用》，赠给与自己命运相似的刘禹锡和柳宗元。

元稹回京那日，白居易早早便在城门口迎接。一个熟悉的身影渐渐走近，直到元稹的容貌清晰地出现在白居易面前，白居易几乎不敢相信，曾经意气风发的元稹，竟然憔悴至此。一个无声的拥抱，穿越了整整十年。这十年的日子简直太难熬，他们二人都经历了一场风雨中的蜕变，容颜虽改，好在兼济天下的梦依然坚定。

昔日一众旧友终于在京城团聚，元稹踌躇满志，还打算将友人的诗作收集起来，拟编为《元白往还诗集》。可惜，诗集还未编完，元稹竟再次被贬为通州司马，刚刚被召回京的刘禹锡、柳宗元等人也因为刘禹锡的一首讽喻诗而再遭贬谪。

空荡荡的朝野里，又剩下白居易孤身一人，且处于危险的边缘。

元和十年（815年）六月三日凌晨，宰相武元衡因力主武力平藩，被刺身亡。一时间，朝野震动。白居易身为东宫属官，本不得言政，可他实在无法容忍藩镇的猖獗，建议唐宪宗任用御史中丞裴度为相，主持对盘踞在淮、蔡的大藩镇用兵。他的这番谏言，终于让朝中一些居心不良之人抓到了把柄。

　　有人向唐宪宗诽谤白居易，说他的母亲是因赏花坠井而亡，白居易却作《赏花》与《新井》诗，有悖人伦，不适合再做东宫属官，以免使太子蒙羞。

　　如此欲加之罪，竟然得到了唐宪宗的认可。白居易毫无辩驳之力，就被贬为外州司马。至于具体贬去何州，何日离京，还要等待唐宪宗的发落。

第五章

蹉跎仕路·独上危楼凭曲阑

官职微冷，不如日日高眠

突如其来的变故，将一颗兼济天下的心抛入命运的深渊。白居易站在已故恩师高郢府邸的门口，举目眺望苍穹。他知道，若自己想哭，那眼泪必定关不住闸门。但他不愿做一名弱者，只能让眼泪滴在心上，让一颗憔悴的心更加疲惫不堪。

官场总是令他心灰意冷，唐宪宗究竟要把他发落到什么地方，白居易反而不太在意了。既然已经不受皇帝重用，在哪里又有什么区别呢？步入仕途以来，白居易第一次如此消沉。

从朝廷官员沦为戴罪之身，本就是欲加之罪，何患无辞。在京城等待贬谪诏书的那段日子，白居易的心仿佛遭受油煎火烤。他虽不在意自己被贬往何处，但一想到日渐衰颓的国运、昏庸的皇帝、只顾私利的官员，白居易便会被痛苦煎熬着。

短短一个多月的时间里，白居易瘦了一大圈。唐宪宗的圣旨终于被等来了，白居易被贬为江州（今江西省九江市）司马，即刻启程。

元和十年（815年）七月，白居易顶着炎炎烈日，辞别京城，独自踏上了被贬之路。这注定是一场艰难而又漫长的旅途，两千多里的路程，沿途的艰难可想而知。

二十几年的官场浮沉，苍老了白居易那颗济世之心。对于京城，他依然有留恋，这次黯然离开，不知是否还有返还之日。想起好友元稹和刘禹锡等人的遭遇，白居易觉得，自己重返京城的希望实在太渺茫。

朝中官员大多拜高踩低，生怕与被贬之人走得太近，来为白居易送行的人寥寥无几，李建的到来让他感到欣慰，同时也担心，像李建这样与自己志同道合的人，不知能否被如今的官场所容。

夏末秋初的阳光正烈，白居易却只觉秋景萧条。启程的时候到了，他落寞地上车，回头望向长安城青门外的那条大道，目光所及之处，似乎与当年来长安时没有任何分别，但心境却大不相同。

白居易并非贪慕高官厚禄，也并非对京城这片土地有多么留恋，他只是舍不得像李建这样与自己志同道合的一帮朋友，他们都是奉皇帝之命谏言朝政的官员，本来约定好相互扶持，一路同行，可是走到中途，他却遭贬，脱离了队伍。

茫茫江湖，白居易要一人独闯了，这些昔日旧友依然留在朝堂，无法逃离那个是非之地。不知此番一别，何日才能重逢。

夫人杨氏没有陪白居易一同出发，朝廷恩准她可以暂留下来，将家中琐事处理好再离开。白居易不放心妻子，临行之前特意嘱托舅兄杨虞卿照顾她。早在很久之前，杨虞卿就曾提醒白居易，在朝中不要锋芒太过尖锐，不要与藩镇和宦官势力硬碰硬。此番离别，他又再三叮嘱，让白居易在江州韬光养晦，寄情山水，做一名隐吏，像陶渊明那样享受田园之乐。

带着亲朋好友的嘱托，白居易恋恋不舍地上路了。朝廷对贬官到任有严格期限，白居易一刻都不敢怠慢，每日赶路，天黑才能休息。

那一日路过秦岭，白居易站在岭上回望京城的方向，国事、家事都令他心忧，对于自己的前途，则是一片茫然。他不知道自己在秦岭上站了多久，时间仿佛在他身边匆匆流逝，他的须发似乎也在秋风中渐渐斑白了。

他明明是个竭诚事君的官员，反而遭到诽谤落得放逐的下场。白居易始终意难平，站在秦岭上，他轻声吟诗，却不敢被身边随行的人听到：

初贬官过望秦岭

草草辞家忧后事，迟迟去国问前途。

望秦岭上回头立，无限秋风吹白须。

悲伤过去，脚步迟迟。纵然再不情愿，白居易与京城的距离还是越来越远了。途经蓝桥驿时，白居易突然想起，就在今年正月，元稹返回京城途中曾在这里题诗。他赶忙催动马儿，快步赶往驿亭，不等随行的人跟上，便自己先行下马，在并不算大的驿亭里反复寻觅元稹题下的诗。

白居易围着驿亭的柱子绕了一圈又一圈，又仔细摩挲拂拭着斑驳的墙面，终于找到了熟悉的字迹：

留呈梦得子厚致用

泉溜才通疑夜磬，烧烟馀暖有春泥。

千层玉帐铺松盖，五出银区印虎蹄。

暗落金乌山渐黑，深埋粉堠路浑迷。

心知魏阙无多地，十二琼楼百里西。

光看那飞扬的字迹，白居易便能感受到元稹题写这首诗时春风得意的心情。只可惜好景不长，元稹正月刚回长安，三月就再遭贬谪。令白居易更难过的是，元稹遭贬之后不久，自己也被贬江州。秦岭的秋风太强劲，将他和元稹的命运吹得飘摇零落。无论是元稹去往通州，还是白居易去往江州，他们都必定风尘仆仆，踏上一条悲剧的人生路。

读罢元稹这首诗，白居易带着无比复杂的心情写下自己的感受：

蓝桥驿见元九诗

蓝桥春雪君归日，秦岭秋风我去时。

每到驿亭先下马，循墙绕柱觅君诗。

离开蓝桥驿之后，只要遇到元稹途经的驿亭，白居易必定要下马，在驿亭中仔细搜寻元稹字迹。白居易在用这样的方式怀念元稹，哪怕能找到他题下的只言片语，也能让自己感觉到在贬谪路上不那么孤单。

九月，白居易抵达襄阳。这里曾是他的父亲做官的地方，第一次随父亲来到襄阳时，白居易年方二十，唇上刚刚冒出胡须。如今重返襄阳，他已经年近半百，须发斑白了。离开襄阳这么多年，仿佛经历了一场大梦，此刻才如梦方醒。他特意回到当年在襄阳的老宅子看一看，发现那里竟然无人居住，一派荒凉。当年的邻居大多已经搬走了，唯独没有改变的，就是那秋日里的江水，烟波渺茫，一如往常。

来到襄阳，便意味着终于结束了颠簸的陆路。白居易从这里登船，浮汉水，入长江，东去九江。当船行至武昌鹦鹉洲时，天色已晚，一行人将船停泊下来，打算第二日天亮再赶路。

白居易斜靠在船舷上，望着秋日里清澈的江天月色，连日来郁闷的心情总算得到一些舒缓。忽然有歌声从邻船上传来，那曲调哀婉悲伤，歌声凄凄切切，撕心裂肺，让人闻之牵动愁肠。白居易沉浸在哀怨的歌声里，侧耳倾听了半晌。

一首歌唱罢，接着传来的竟是一名女子哭泣的声音。那女子似乎哭得很伤心，一边哭，一边抽泣哽咽。白居易再也坐不住了，起身循着哭声去寻找，终于找到那名唱歌的女子。那女子肤白胜雪，独自靠着船帆站立着。白居易远远望去，见这女子只有十七八岁的样子，容貌很美，却哭得伤心。她的泪水如同断了线的珍珠，眼睛被泪水浸湿了，如同坠落的明月。白居易不敢冒犯，却也不忍心见一名女子哭得如此伤心。他斟酌半晌，终于轻轻开口，询问她是谁家女子，为什么哭得如此凄切。白居易不问还好，女子一听有人发问，反而哭得更加伤心，直到白居易离开，那女子一直低着头落泪，一语不发。

那一刻，白居易甚至有些羡慕哭泣的女子。这些年来，他有太多值得痛哭的时刻，只是碍于男儿有泪不轻弹，只能将满腔悲愤生生吞下。从年少起，白居易便满腔报国热情，偏偏官运潦倒，被贬至偏僻之地。他的内心也满是苍凉，却又无处倾诉哀愁。只有在无人之时，才能默默掉几滴眼泪罢了。

　　旅途中的过客，擦肩只是一瞬。从鹦鹉洲再次启程，那名女子哀哀戚戚的哭声依然缭绕在白居易的耳畔。伤心失落的人，总是容易沉浸在伤心失落的场景之中。

　　为了驱散心头的阴霾，白居易拿出了元稹的诗集，从白天看到晚上，天黑了依然伴着荧荧烛火细细品读。诗读完了，灯也快灭了，白居易这才感觉到自己的双眼酸痛不已。他应该闭上眼睛休息一下，却又全无睡意，一个人静静地坐在黑暗中，任由江风吹在脸上，听着浪花拍打着船舷。

江州司马青衫湿

江水浮沉，载着一颗不安的心。远处那座模糊的城，已渐渐清晰，浪花拍打着破旧的码头，斑驳的沧桑扑面而来。前面是白居易此行的终点，在这里，他即将开始自己的贬谪人生。

船靠岸之前，白居易的思绪依然是纷乱的。众所周知，江州是偏僻之地，瘴雾弥漫，这里的百姓大多贫苦，民风并不开化，在这里做官很难做出功绩，更何况他不过是个司马，一个没有实权的虚职而已，平日能做的事情，不过是听刺史吩咐罢了。

此刻，白居易所处位置的北边，便是东晋大将庾亮建造的庾亮楼，他的西边，则是溢口古城。这里似乎刚刚下过一场秋雨，白居易目光所及之处，树木凋零稀疏，民宅地势低洼，笼罩在水汽之中。

江州并非水草肥美之地，白居易听说当地人只能用菰叶喂马，难怪这里的马走起来都没有什么力气。当地百姓住的房子，大多是芦荻编制的茅草房，躺在里面也无法避风。

白居易正叹息此处的破落，远处忽然出现一辆有着红漆轮子的车子，渐渐朝码头的方向靠近。白居易一想便知，这里能拥有如此华贵车马的，唯有刺史大人了。他没有想到刺史大人竟然亲自出城来迎接，这让白居易有些感动，稍稍安顿下来，他便将自己初到江州的感受写在诗中：

初到江州

浔阳欲到思无穷，庾亮楼南湓口东。

树木凋疏山雨后，人家低湿水烟中。

菰蒋喂马行无力，芦荻编房卧有风。

遥见朱轮来出郭，相迎劳动使君公。

一场隆重的接风宴过后，白居易便在江州暂时安顿下来。被贬到偏僻小城的滋味虽不好受，但好在江州风景绝佳，倒是一处修身养性的好去处。

司马官职五品，俸禄优厚，却是个闲职。白居易几乎没有大事要处理，每天寄情于山水，竟然别有一番自在与惬意。只是到了孤寂无人的夜晚，白居易便会想念长安，想念家人。

那天晚上，越发窒闷的天气预示着一场大雨即将倾盆。蟋蟀鸣声在窗外时断时续，让白居易心情更加烦闷。一阵风穿堂而过，刮得桌上的烛火忽明忽暗，一切是暴雨将至的样子，白居易在床上辗转反侧，难以入眠。

渐渐地，窗外传来噼噼啪啪的声音，那是雨打芭蕉之声。暴雨终于落下来了，房间里窒闷的感觉渐渐被雨驱散，一种从烦闷中解脱出来的舒爽感让白居易披衣下床，突然有了作诗的灵感：

夜雨

早蛩啼复歇，残灯灭又明。

隔窗知夜雨，芭蕉先有声。

　　身在异乡的游子，总能被任何一种与家乡有关的元素触动乡愁。江州在南方，寒气来得晚，妇人们到了农历十月才开始缝纫冬衣。听着远处传来的阵阵砧衣声，白居易想起在长安时，每年九月一到，妻子便开始准备缝纫冬衣了。砧衣声让他想念妻子，江州的一切都与长安不同，唯有这相似的砧衣声，才能让白居易找到些许熟悉的感觉。

　　在江州，白居易最大的安慰，便是一直与元稹保持着书信往来。自从元稹被贬江陵，二人之间的诗作往来已近百首。元稹每寄来一首诗，不是不辞辛劳地为诗作序，便是在卷头附写一封信，既阐述了每首诗的意义，又说明了作诗的缘由和时间。白居易也一直想这么做，可是多年来，他为朝中琐事所累，极少有空闲的时候，即便偶尔偷闲，展开信纸，又没有想好写什么，好多次都这样作罢了。

　　直到来到江州，白居易才终于体会到什么叫作闲趣。他时常跟元稹调侃自己，除了吃饭睡觉无事可做。他做得最多的事，就是捧着元稹临去通州时留下的二十六轴新旧文章反复研读，领会其中深意。这个过程就仿佛与元稹面对面谈心一般，白居易恍惚觉得元稹就在自己面前。

　　白居易最喜欢与元稹探讨与诗有关的话题。自从做官以来，白居易渐渐意识到，诗歌应该为现实而作。升做翰林学士和左拾遗之后，只要遇到难以说明的事项，白居易都会写成诗歌呈给皇帝，让皇帝了解人民疾苦，弥补时政缺失。在白居易看来，这就是他身为谏官的职责。

让白居易没有想到的是，皇帝还没有看到他的诗，朝中别有用心的人就已经编排好了谗言来陷害他。当初写《贺雨诗》时，朝中便已经开始有反对的声音；后来白居易写《哭孔戡诗》，众人已开始面有怒色；再后来白居易整理出《秦中吟》，所有朝中权贵相视变色；看到他那首《登乐游园望》，那些执政者开始对白居易扼腕痛恨；看到《宿紫阁村诗》，掌握军权的人也对白居易切齿痛恨。

那些与白居易没有什么交情的人，则说他是沽名钓誉，对他恶意攻击，嘲笑诽谤；而那些与他有些交情的人，则时不时地劝告他不要直言揭露时政，甚至他的兄弟、妻子都认为他是错的。

那个时候，觉得白居易没有错的人，屈指算来也不过两三个。其中两个是邓鲂和唐衢，全都英年早逝，另外一个就是元稹了。可惜，十年来，元稹一直深陷困顿，白居易不明白，为什么有志之士偏偏要遭遇不幸。

白居易觉得自己这一生注定要与文字结缘了。他因文章出众而三科登第，又因文章而遭到贬黜。近来，他还听说吏部、礼部举行赞扬人才的考试，多用白居易应试时写的赋和判词来作为标准，还时常能听到寻常百姓吟唱自己的诗句。白居易并不完全相信，若是真的，他反而要感到惭愧。

当年白居易第二次来长安的时候，听说有个军使要娶一个歌妓。那歌妓夸口自己能唱白居易的《长恨歌》，因此自抬身价，觉得自己比其他歌妓高出一筹。元稹也曾说过，在通州近江的客舍柱子上看到有人写了白居易的诗，不知作者是谁。

听过白居易大名的人不在少数，当年白居易经过汉南参加一场宴席，席上所有歌妓见白居易来了，便相互使眼色，指着他说这就是《秦中吟》《长恨歌》的作者。从京城到江州，一路三四千里，凡是经过学校、佛寺等地，白居易经常能看到别人题写自己的诗。他并不觉得这有什么值得夸耀的，可是世俗之人却偏偏看重这些。

他不是一个看重名利之人，且觉得自己获得的名声已经足够多了。能做到名利双收的有几人？白居易甚至觉得，自己穷困一些是理所应当的。像李白与孟浩然那样的大文豪，连最低级的官职都没有做过，一生穷困寥落。他反思自己，并没有李白与孟浩然那样的才华，却做了个五品官，月俸四五万钱，天冷有衣穿，饥饿有饭吃，还能养活家人，也算对得起白家祖先了。

来到江州之后，白居易有更多的空闲整理昔日所写、所闻的诗作，按照诗作种类的不同，分了卷别，又把自己自武德年间到元和年间所写的与美刺比兴有关的诗整理成集，题做《新乐府》。他希望下一次与元稹见面的时候，把这些诗都送给他。

时机未到，便做深山的豹；时机若到来，便做入云的龙。这是白居易的为官之道，不被重用时，便只顾自我修养；当得到重用之时，便要为天下人造福。

来到江州转眼已过两月，正是腊月时节，江风吹来凄冷。年终岁尾，公事大多处理停当，本应家人团聚，白居易却孤独一人。漫长的冬夜，他无心睡眠，索性披衣坐起，铺纸磨墨，静静地坐在灯前给元稹写信。一封《与元九书》，他想到哪里便写到哪里。他知道，即便自己语无伦次，元稹也不会厌烦。

信的最后，白居易又寄去一首诗。表面上看，白居易是在借诗夸耀自己的文章，与老友开个玩笑，实际上却是对种种不平与辛酸的自嘲：

编集拙诗成一十五卷因题卷末戏赠元九、李二十

一篇长恨有风情，十首秦吟近正声。

每被老元偷格律，苦教短李伏歌行。

世间富贵应无分，身后文章合有名。

莫怪气粗言语大，新排十五卷诗成。

光阴流转，如流沙淌过指尖。白居易在江州经历了一次四季轮转，那便意味着他的贬谪人生已度过了一年。

元和十一年（816年）秋，白居易到溢浦口送客。客人离去之前，白居易在船上设宴。白居易正遗憾于没有助兴的音乐，忽然从江面上传来清脆的琵琶声。白居易与客人都听得入迷了，于是便循着乐声探问是何人在弹琵琶。

没过一会儿，琵琶声停了，却迟迟再没有动静。白居易和客人只好把船靠过去，一边邀请弹琵琶的人出来相见，一边叫下人添酒，重新摆起酒宴。

可是那弹琵琶的人似乎有些害羞，白居易和客人千呼万唤之后，一个身影才缓缓地走出，却用怀里抱着的琵琶遮住自己的半边面容。她轻轻落座，转紧琴轴，拨动琴弦试弹了

几声，尚未形成曲调，却已经能让人感受到乐声中的情致。

当她开始正式弹奏，琴弦声变得凄楚悲切，仿佛是在诉说着自己平生的不得志。那女子一直低着头，连续拨动着琴弦，借用琴声把自己心中无限的往事说尽。她的手法很娴熟，一会儿慢慢捻揉轻抚，一会儿又下抹上挑。她先弹了一曲《霓裳羽衣曲》，接着又弹了一曲《六幺》，大弦浑宏，如同暴风骤雨，小弦和缓，如同有人窃窃私语。大弦小弦交错弹奏，便像大珠小珠掉落在玉盘之中。弹到清脆处，如同黄莺在花丛下婉转鸣唱；弹到幽咽处，便如同清泉在沙滩下面流淌。

渐渐地，琵琶声开始凝结，如同泉水冷涩。随着曲声在凝结中渐渐中断，一种别样的忧愁仿佛正在暗暗滋生。此时此刻，琴声已经止歇，却比琴声响起时更加动人。

突然之间，琴声又起，仿佛银瓶撞破，水花四溅，又仿佛铁甲骑兵厮杀，刀枪齐鸣。直到一曲终了，那女子还在琴弦中心划拨着，四弦一声，仿佛布帛被生生撕裂。

旁边临近船上的人也都停下了交谈与动作，个个都坐在原地专注聆听。一轮洁白的秋月倒映在江心，白居易依然沉浸在乐声中无法自拔。弹琴的女子略略沉吟，收起拨片，插在琴弦中，重新整理衣裳，脸上露出庄重的神色。

几曲弹罢，她对白居易不再生疏。交谈之间，终于缓缓开口讲述自己的身世。原来，她曾是京城中颇有盛名的歌女，老家就住在长安城东南的虾蟆陵。十三岁那年，她弹琵琶的技巧便已炉火纯青，在教坊的乐团中，她的技艺也是数一数二的。

懂音乐的人纷纷叹服她的琴技，也总是引来同行歌妓的嫉妒。京城中的富豪子弟争先恐后来为她献彩，每弹一曲，便会收获数不清的红绡。

那时候的日子多快乐啊，几乎每一天都是在欢声笑语中度过的。可是，女子一生最美好的光阴，也是在这欢声笑语中被渐渐消磨的。

随着战争打起，她的兄弟们都去从军，姐妹们也都死去了。她家道中落，又年老色衰，渐渐地，已经没人愿意来听她弹琴。无奈之下，她只能嫁给商人为妻。商人为了逐利总要远行，上个月，她的丈夫又去浮梁做茶叶生意，只留她自己在江口孤守空船，与凄冷的秋水和月光做伴。她在梦里回到了年少时光，竟然将自己哭醒，这才难抑伤怀，在夜色中抚琴。

白居易没有想到，这名女子竟有如此凄惨的身世。他忽然觉得，自己和这名女子同为天涯沦落人。去年此时，白居易被贬离长安，来到浔阳江畔，时常卧病。这是个荒僻的地方，一年到头听不到管弦之声，只能听到杜鹃与猿猴的哀鸣。

有时候，面对着春江、秋月，白居易只能无奈独酌。即便偶尔有乐声传来，也是嘶哑难听的山歌和村笛之声。这次听到女子弹奏的琵琶，就仿佛听到仙乐。他心中已有灵感，要为这女子写一首诗，便是那首脍炙人口的《琵琶行》。

那女子也被白居易恳切的话语感动，再次坐下拨动琴弦，弹奏一首凄切的曲调。在座的人纷纷落泪，白居易的眼泪，早已湿透青衫。

转弯的人生路

南国多热，却并未阻挡秋的脚步。一场清晨的雨，带来了些许秋的凉意，然而江州的湖光山色、亭台楼阁却被雨后的雾气笼罩出别样的诗情画意。若能隐居在这样山水如画之地，余生也算是惬意了。可惜，人活着还要考虑生计，不是每个人都有资格像陶渊明一样采菊东篱下的。红尘俗世，终究还是大多数人割舍不掉的牵绊。

身在江州的白居易，虽爱这里的美景，可是一想到前途，他又陷入迷茫。这里官期满了之后，他又将身往何方呢？

白居易有时也后悔自己没有及早归隐，落得如今被贬官的下场。然而他又是矛盾的，满怀报国匡时之策，又有一颗勤于国事的忠君爱国之心。只可惜，每一次劝谏皇帝，最终的结果都是失望。

他仰慕陶渊明的文思高妙，也敬佩韦应物的诗情清闲，更曾疑惑，为何他们的诗句总能如此超凡脱俗，直到那一日登上浔阳楼，白居易终于豁然开朗。原来，山水之色，真的可以让人超然物外。

白居易站在浔阳楼上俯瞰，只见江水清澈见底，又向远处眺望，庐山树木繁茂，高耸的山峰如同一把利剑插入天空。他不是一个少见山水的人，却很少像此刻这样沉迷于山水。在江畔逗留了一日，到了深夜里还流连忘返。一轮明月挂在溢江上，引得白居易索性彻夜不归。到了清晨，雾气笼罩着香炉峰，白居易终于体会到了陶渊明和韦应物的感受。即便白居易自叹不如他们二人的文采，这一刻依然文思泉涌，如果写不出好的诗句，实在有愧于如此优美的江山景色：

题浔阳楼

常爱陶彭泽，文思何高玄。

又怪韦江州，诗情亦清闲。

今朝登此楼，有以知其然。

大江寒见底，匡山青倚天。

深夜溢浦月，平旦炉峰烟。

清辉与灵气，日夕供文篇。

我无二人才，孰为来其间？

因高偶成句，俯仰愧江山。

这一年秋天，白居易收到杨虞卿从京城写来的信，信中说，自从白居易离开京城，朝中便呈现风雨飘摇之势。如今，唐宪宗任用力主削藩的裴度为相，主持淮西战事，与白居易当初的政见完全一致。白居易如今虽遭贬谪，但朝中正直官员都了解他忧国之心，且都盼着他早日被召回京。杨虞卿揣测，白居易洗刷冤屈的日子就快到来了。

这封信重新激起了白居易的热情，他知道裴度胸怀惊世韬略，具备剿平藩镇的能力。只不过，朝廷积弊已久，想要彻底剿平藩镇，并非易事。想到此处，白居易立刻写信给裴度，让他想方设法劝说皇帝不要设立监军。

自从安史之乱后，监军胡乱指挥，贻误军机而误国的例子举不胜举。白居易言辞恳切，希望裴度一定要说服皇帝。这封信赶在裴度率军出征之前送到了，此时的朝廷因为长期用兵，人力、物力与财力都已不堪重负，急需一场胜利来堵住那些主和派的嘴巴。裴度是如今朝中唯一能胜任将领之职的人，他开口请求撤销监军，还有一些分量。

唐宪宗虽然不敢得罪扶持他登上皇位的宦官，但也深知那些无能宦官监军除了在军队中碍手碍脚，实在没什么作用。这一次，他准许了裴度的请求，剪除了不可一世的监军。消息传到江州，白居易再也按捺不住激动之情，他几乎已经看到裴度得胜归来的场面，也预测到，距离自己调离江州的日子不远了。

这一年冬天，江州的雪很大。深深的积雪反射着月光，照亮了暗夜。雪落无声，却在沉默中积攒力量。忽然之间，窗外传来树枝折断的声音，那是被积雪压断的枯枝，在寂静的深夜里听来格外清晰。白居易裹紧身上的棉被，看着被雪光照亮的窗，不想睡去。严冬已经到来，温暖的春日很快就会紧随而至。

元和十二年（817年），经历了一个严冬，春日终于到来。春草吐绿，杏花初开，白居易便迫不及待去湖边踏春。

一场春雨初停，湖面洒下细碎的阳光。雨水将湖水浸润得更加柔媚，虽然阵阵寒风不时吹过，但是白居易依然觉得此刻的山水都是温暖明快的。漫山遍野的杏花正吐艳争芳，那是专属于春日的蓬勃生机。白雁的翅膀上还沾着雨水，飞得不高，却依然在振翅。沉寂了一个冬天的黄鹂，歌声略显沙哑，却也忍不住婉转唱鸣。这样的湖光水色实在太可爱了，一切都是欣欣向荣的景象。只是白居易依然缠绵病中，心情多少受到一些影响。被贬谪的苦闷依然缭绕心头，唯美的春景中，他尚有一丝悲伤。

朝中依然没有消息传来，或许他还要在江州蛰伏一段时日，但他返京的心情越发迫切，那一日从湖边归来，便将优美的春景与寥落的心情写在诗中：

南湖早春

风回云断雨初晴，返照湖边暖复明。

乱点碎红山杏发，平铺新绿水蘋生。

翅低白雁飞仍重，舌涩黄鹂语未成。

不道江南春不好，年年衰病减心情。

白居易的郁闷也源于淮西战事一直未平。他听说，今年元旦朝会的仪仗都免了，想必也与此事有关。虽然白居易年近五十，多愁多病，但也时常老夫聊发少年狂，想要亲自投军到战场上与贼寇一较高下。只是每一次冒出这种念头时，他又忍不住嘲笑自己总是痴心妄想，像他这样的人在战场上又能有什么作为呢？不如追逐春的脚步，在山水中多徜徉几日吧。

初夏四月，江州春景渐逝。白居易与十几名好友走出江州，登上庐山香炉峰，在峰顶的大林寺投宿。那是一座人迹罕至的寺院，清流环寺，寺院中种着短竹瘦松，一派清雅。大林寺简朴，只有木屋木器，寺院中的僧人都是海东人士。或许是因为山高地深的缘故，这里比山下的时节略晚一些。虽然正是孟夏月，山中的气候却宛如二月天。山中的桃花刚刚盛放，溪水边的青草也刚刚冒头，无论是人物还是风候，都与山下截然不同，仿佛是上天在人间创造了另外一个世界。

来到大林寺之前，白居易曾因为惜春、恋春，而怨恨春去无情。来到这里之后，他才发觉是自己错怪了春。原来春并未归去，只是如同小孩子捉迷藏一般，偷偷躲到山中来了。

山中奇妙的风候，打开了白居易想象的闸门，于是便有了那首流传后世的诗作：

大林寺桃花

人间四月芳菲尽，山寺桃花始盛开。

长恨春归无觅处，不知转入此中来。

人间芳菲，从不曾辜负岁月。属于白居易的芳菲，也即将到来。

元和十二年（817年）十月，裴度趁蔡州城守备空虚，雪夜奇袭，将叛军头目吴元济生擒，淮西叛乱就此平定。紧跟着，平卢叛镇李师道、承德叛镇王承宗相继归降，自安史之乱之后的藩镇割据乱象终于结束。

没过多久，白居易在朝中的好友崔群升任宰相，他的政敌王涯则被贬为兵部尚书。接二连三的好消息，都在暗示着白居易，他离开江州的日子就快到了。白居易不愿坐等命运青睐，主动修书给崔群，述说自己在江州的状况，请崔群在朝中多多助力。

崔群果然没有辜负白居易的嘱托，在他的多番努力之下，一纸诏书抵达江州，任命白居易为忠州（今重庆市忠县）刺史。他的贬谪生涯，终于告一段落。人生逆旅，就此开始转弯，全新的仕途，等待着他启程。

甘做一轮明月

一颗心历经沧桑，谁又能做到安然无恙？在江州的这四年，一丝遗憾与叹息始终缭绕在白居易心底。有时候，他惊叹于自己的渺小，在强大的命运面前，总有一些事情让他无法左右。前路的风雨，他无法预料，只能放宽心，试着不惊不扰，随遇而安。

从江州司马改任忠州刺史，官职的确有所升迁，但距离京城却更远了。那座承载了他太多眷恋的城，不知何时才能对他敞开宽容的怀抱。

几乎是在白居易升官忠州的同时，元稹也接到朝廷的诏书，由通州刺史转为虢州（今河南灵宝）长史。白居易和元稹的命运，似乎是捆绑在一起的。他们几乎同时遭贬，又几乎同时出现仕途的转机，他隐隐觉得，距离他们在京城重聚的日子不远了。

元和十四年（819年）春，一艘华丽的官船载着白居易，一路溯长江而上，渐渐将江州的瘴疠之气抛在了身后。白居易此行并不孤独，此前，弟弟白行简从梓州（今四川省三台县）来江州与白居易团聚，于是二人结伴前往忠州。

忠州亦是朝廷安置贬官的荒僻之地，白居易此行并没有踌躇满志，他就像一只被困锁囚笼的鹤，没有展翅的空间。好在，沿途景色绝佳，尤其当行至岳阳，碧波连天的洞庭山水，洗涤了心头的尘埃，白居易的心境总算开朗了许多。

浩瀚的洞庭湖畔，矗立着江南名楼岳阳楼。历代文人墨客曾纷纷为岳阳楼题写诗句，白居易此行自然不能放过一睹岳阳楼风采的机会。

站在楼下仰望，岳阳楼是那样峻伟雄浑。红墙碧瓦，飞檐斗拱，皆耐人寻味。岳阳楼外，水色浸染着成荫绿柳，宛若人间仙境。白居易迫不及待登楼赏景，在楼顶凭栏远眺。

江水浩大，无边无际，此时正是春日的傍晚，远处的草木之色与洞庭湖的水色相接，天边的彩霞与湖水中的红波交相辉映，恍惚之间，白居易仿佛又回到了长安。然而，岸边的老猿啼哭之声，将他从幻想中惊醒，一群大雁正从浩渺的湖上飞过，它们仿佛都在提醒白居易，他依然是个漂泊之人。

京城中那些权贵依然在朝中安坐，他们或许永远也体会不到这种漂泊流离之苦吧？多希望有人能将眼前的画面画下来，挂在那些权贵家里，让他们也好好体会一下这种猿啼雁飞、流民逐客行旅的奔波之苦。

听说大名鼎鼎的白居易来到岳阳楼，早有当地的文人雅士们聚集在此，期待他能为岳阳楼题诗。白居易没有拒绝，他不只是在题写岳阳楼的优美景色，更是在书写自己的内心独白：

题岳阳楼

岳阳城下水漫漫，独上危楼凭曲阑。

春岸绿时连梦泽，夕波红处近长安。

猿攀树立啼何苦，雁点湖飞渡亦难。

此地惟堪画图障，华堂张与贵人看。

就在白居易赶往忠州的同时，元稹也正在去往虢州的路上。或许是上天感知到这对挚友对彼此的思念，当舟行至夷陵，白居易与元稹竟然偶遇了。久别重逢，百感交集，他们将赴任的事情暂时抛在脑后，停船登岸，打算好好叙一叙这些年的遭遇，再畅谈一番对未来的畅想。

多年来，白居易与元稹书信往来不绝，对彼此的生活了如指掌，但见面之后，依然有说不完的话。与上一次分别时相比，他们二人都憔悴了许多，不用细谈也知道，贬谪的日子不好过。

一聊起朝政，二人更是忧心忡忡。虽然藩镇被悉数剿灭，但朝廷政局依然一派乱象。唐宪宗受佞臣蛊惑，滥服丹药，脾气也越发喜怒无常。然而越往深处聊，白居易渐渐发现两人的为官之道似乎有了些许偏差，元稹的话语中开始透露出打算随波逐流、明哲保身的念头，素来宁折不弯的白居易有些无法认同，又不愿与久别重逢的好友争执，只好就此转换话题，商量着不如趁春光正好，去峡上同游一番。

第二日一早，白居易、白行简与元稹三人结伴出游。船行至下牢关一段，他们决定让船自行在水面上漂流，一边喝酒，一边欣赏绝佳风光。酒兴正酣，突然有泉水声从石间传来，三人决定下船登岸，循着泉水声来到一处崖岸缺口。

一块形状怪异的石头就矗立在眼前，仿佛张开的翅膀，又像下垂的旗帜。泉水声就是从这里传来的，一处清泉如泻如洒，犹如悬挂的白绢，又似绵延不断的丝线。三人决定从这里攀爬上去，岩壁湿滑，难以攀爬，三人攀爬一会儿便休息一会儿，休息了四五次，这才到达崖顶。

那是一处杳无人迹的地方，只有水石相激，迸溅如珠如玉的水花。三人从未时待到戌时，流连忘返，直到太阳西沉，云破月出，又是一番奇景。月华忽明忽暗，光影交替，奇幻玄妙的景象就连白居易这般口舌敏捷之人也无法用语言去形容。

流连于奇景之中，三人不忍离去，索性通宵观景，直到天明。离别之期伴随着太阳东升而至，美景令人怜惜，离别又令人感伤。白行简说："似这般美妙的地方，天地之间又能有几处？虽然此洞与渡口相通，多年来却无人踏足，仿佛被世人抛弃了一般。"白居易伤感道："世间之事，值得叹息的，又何止这一件？"元稹提议，不如将此番游历记述下来，各自赋古体诗二十韵，题写在石壁上。

三人一拍即合，除了每人各题写古体诗二十韵，白居易又写了一篇序言加以记述。因为他们三人是首次游历此地者，于是便将题目取为"三游洞"。

那一日自三游洞分别，白居易与元稹各奔前程。在峡谷中行驶了半个月的时间，白居易终于抵达忠州。这里人口不足两万，街路狭窄，民居简陋，常年云雾弥漫，甚至到了夜间还偶有老虎出没，以至于天一黑，百姓便关门闭户，城门也早早关闭，甚是萧条。

　　无论身处天涯还是海角，心安之处便是家。忠州离京城两千多里，贬谪多年的白居易几乎已经忘记了京城的繁华与热闹。初到忠州，白居易便在城东山坡上亲手栽下几株桃树与杏树，并将此处取名"东坡"。修佛多年，他心境早已豁达，不如安闲地在此处种花取乐。他与自己约定了三年期限，到那时候，这几株桃树与杏树想必都能开花结果，距离吃到自己亲自栽种的桃与杏的日子也不会太远吧？

　　植树归来，白居易便用诗记录下自己初到忠州的闲情逸致：

种桃杏

无论海角与天涯，大抵心安即是家。

路远谁能念乡曲，年深兼欲忘京华。

忠州且作三年计，种杏栽桃拟待花。

　　忠州贫苦，好在白居易过惯了简朴日子，最不喜铺张。他治理地方，从来不靠官威，靠的是走入民间，与百姓共情，从改善百姓最困难的地方入手。他发现，忠州多山，土地贫瘠，日照不足，粮食极难生长。又因为地处荒僻，交通不便，忠州物价昂贵，米价尤甚，且时常供应不足，百姓抢购米粮的状况时有发生。

　　此前，忠州每年都要向朝廷请求米粮救济，然而山高路远，江水湍急，运送米粮的船只往往行至狭窄水域便触礁沉没了，能运送到忠州的米粮不足半数。

为了改善忠州缺粮现状，白居易就任之后，便亲自带领百姓上山种树，锄禾开渠，灌溉树苗，生生将忠州的荒山变得绿树成荫，土地也肥沃了不少。他又指导百姓开荒种地，让百姓至少能做到粮食自给自足，如此一来，百姓再也不用为粮荒发愁了。

　　即便如此，忠州百姓也仅仅能勉强维持温饱。身为刺史的白居易与百姓同甘苦，穿的是当地自制的黄绢衣服，吃的是最简单的食物，偶尔见到一丝荤腥，也不过是当地一种腥气极重的小鱼而已。

　　在百姓心中，白居易的德政就像一道月光，虽不如阳光那样明媚耀眼，但也在黑暗中带来一线光明。

第六章

逆风凌云·此中来校十年迟

逐臣返乡国

忠州的山水与农田之间，时常出现白居易一袭青衫的身影。初来忠州，白居易还不熟悉这里的地形，便让家中的本地仆役带着他四处巡访。

一日，白居易乘船去巡访百姓生计，漂流在峡上，春日的寒风依然有些刺骨，白居易披着厚厚的斗篷，还时不时冻得发抖，可在山中冒着寒风砍柴的那些女子，身上却只有单薄的衣衫。跟随的仆役说，砍柴是这些女子唯一的生活来源，她们糊口尚且不易，根本没有余钱给自己增添避寒的衣裳。

那些女子砍柴累了，就坐在大石头背后的避风处休息。白居易走上近前，发现她们大多面容憔悴，芳华不再。他本想与这些女子聊一聊生活上的困难，可她们见到陌生男子却十分害羞，纷纷用衣袖遮住面容，低着头不敢吭声。

随行的仆役说，因为战乱，年轻力壮的男子们都被抓去打仗，所以此地女多男少，这些女子年纪虽不小，却很多都没有嫁人，或是在战乱中失去了丈夫，常年见不到男子，因此才更加怕生。

安史之乱虽平息多年，政局也日渐稳定，但多年的藩镇割据，战火连绵之下，繁重的兵役为百姓带来无限的痛苦。无数家庭的正常生活被破坏，男子远征，家中唯有思妇愁眉不展。白居易没有想到，像忠州这样的偏僻之地也难逃战祸困扰。他为那些女子感到惋惜，繁重的劳动与恶劣的环境剥夺了她们像花儿一般绽放的权利，许多女子虽是青春正好的年岁，却被生活碾压得形同老妪。

山中绽放的花朵，更加映衬得这些女子容颜枯萎。世间的花朵，都能在春风的吹拂下盛开，却吹不开这些女子紧锁的眉头。

那一日从山中巡访归来，白居易心绪难平，他无力召回那些在战场上死难男子的亡魂，只能将女子的愁容写在诗中，算作对那些亡魂的祭奠：

思妇眉

春风摇荡自东来，折尽樱桃绽尽梅。

惟余思妇愁眉结，无限春风吹不开。

忠州多山多水多阴雨，常年雾气缭绕。到了秋日，江水湍急，雾气更重。有时，白居易想要望一望京城的方向，可浓重的云雾充斥眼帘，不要说京城，就连几米外的事物都看不清。秋雨连绵，仿佛滴在心上，这样的天气，什么事情都做不了，百无聊赖的白居易更思念京城。

他轻抚放置在窗边的一把琴，弹出忧伤的曲调。重阳节将至，去年的重阳节，他还在荒僻的江州，今年，又来到了萧条的忠州。这些年来，他无论如何都走不出这些边远之地，又久久等不来朝廷召他回京的诏书。这个羁旅异乡的游子，已经两鬓斑白，有时候，白居易自己也不确定，有生之年是否还有重回京城的一日。

所幸，小女阿罗的降生，为白居易的生活添加了许多色彩。阿罗是在江州出生的，如今已经两岁。阿罗出生的日子，距离金銮子夭折的日子已整整过去四年。可是，白居易怎么看都觉得阿罗和金銮子长得一模一样，他觉得是上天不忍他丧女之痛，将金銮子还回来了，于是，他对阿罗倍加疼爱。

如今，阿罗已经两岁，白居易特意在女儿生日那天为她写诗纪念：

罗子

有女名罗子，生来才两春。

我今年已长，日夜二毛新。

顾念娇啼面，思量老病身。

直应头似雪，始得见成人。

仕途上的失意、心情中的沉闷，都在阿罗天真的笑靥下消散殆尽。白居易实在太爱这个女儿了，甚至每天都要早起亲自为女儿梳洗打扮，晚上还要将她拥在怀中，教她识文写字、琴棋书画。他想把最好的一切都给阿罗，也想像东汉文学家蔡邕培养女儿蔡文姬一样呕心沥血，把阿罗培养成一代才女。

曾经，同样没有儿子的元稹，因为担心没有人继承自己的诗文，而向白居易倾诉自己的苦恼。白居易却不以为意，他回复元稹："各有文姬才稚齿，俱无通子继余尘。琴书何必求王粲，与女犹胜与外人。"足以见得白居易对阿罗的看重，他的心中没有"男尊女卑"，女儿同样可以成为他文稿的继承人。

曾经有友人劝说白居易纳妾，认为"不孝有三，无后为大"，可白居易并未照做，反而将自己一大半精力与宠爱都给了女儿阿罗，其余的精力与宠爱，则给了弟弟白行简的儿子阿龟。

六岁的阿龟从小就在白居易身边，白居易将他当亲生儿子般看待。两个孩子相差三岁，刚好能相伴成长。他们给白居易的生活带来了太多欢乐，一清早，就有两个可爱的孩子抱住白居易的双脚嬉戏玩耍，到了晚上，又枕着白居易的衣袖入睡。看着两张稚嫩的童颜，白居易时常感叹他们出生得太晚了，偏偏赶在自己已经衰老的时候降临到这个世界上。只不过，他也时常安慰自己，人生哪能事事圆满，既然上天已经给了自己两个如此可爱的孩子，那就把这甜蜜的负担承担起来吧，为了他们，自己也要在仕途上多坚持几年。

或许是因为两个孩子的安慰，白居易对离乡为官的生活虽有些许无奈，却渐渐也有了顺其自然的豁达。他曾写过这样一首诗：

委顺

山城虽荒芜，竹树有嘉色。

郡俸诚不多，亦足充衣食。

外累由心起，心宁累自息。

尚欲忘家乡，谁能算官职？

宜怀齐远近，委顺随南北。

归去诚可怜，天涯住亦得。

可见，白居易已渐渐放宽了心，身居荒僻之地，他眼中所见却是景色的美好；俸禄有限，他感受到的却是衣食无忧。至于官职，那就随缘吧。即便就此远离朝堂有些可惜，但浪迹天涯也是一种活法。

世事总是如此，当你学会豁达，曾经可望而不可即的事物竟变得唾手可得。元和十五年（820年）四月，一纸诏书千里迢迢从长安送往忠州，交到白居易手上。诏书上说，他被授予尚书刑部司门员外郎，即刻返京。

六年来缭绕在心头的阴霾被这一纸诏书彻底驱散，白居易的仕途上又迎来了一线曙光。他这个背井离乡的逐臣，终于要返乡了。

高位亦深渊

黎明到来之前，总要经历一段漫长的黑暗。那是生命中难得的静谧，若用来思考，一切困扰都将被时间冲刷到身后，直到消失不见。光阴从不辜负懂得沉淀自己的人，在黑暗中摸索出的路，出口必将洒满光明。

白居易重返京城的机会来之不易，若不是唐宪宗突然驾崩，他或许将在贬谪中度过余生。

元和十五年（820年）正月二十七日，唐宪宗暴毙。得知这一消息的白居易震惊而又悲痛，还专门写诗表达悲伤之情：

奉酬李相公见示绝句（时初闻国丧）

碧油幢下捧新诗，荣贱虽殊共一悲。

涕泪满襟君莫怪，甘泉侍从最多时。

他对唐宪宗的情感是复杂的，在某些方面，唐宪宗的确取得了明君的成就，比如他继位后刚明果断，力图削平藩镇割据，先后平定了四川节度使刘辟、镇海节度使李琦，招降河北三镇，消灭了淮西节度使吴元济、淄青节度使李师道，令藩镇相继臣服，归顺朝廷。

然而，在某些方面，唐宪宗又表现出昏庸的地方。比如他重用宦官，任用心腹宦官吐突承璀为左右神策将军兼河中、河阳、浙西、宣歙等道行营兵马使和招讨处置使等要职，增大了宦官势力。到后来，唐宪宗有些居功自满，罢免贤相裴度，任用奸臣皇甫镈，追求长生不老，宠信方士柳泌，滥服丹药。刑部侍郎韩愈上书劝谏，唐宪宗竟打算对其处以极刑，好在裴度等人极力劝说，才保住韩愈性命，只将其贬为潮州刺史。

白居易虽不在京城，却时刻关注京城的消息。他担心唐宪宗的荒唐举动会让朝廷陷入又一次危机，却不曾想到，随着唐宪宗暴毙，朝廷又迎来一场皇位争夺战。

宦官吐突承璀知道唐宪宗并不满意太子李恒，一直有意立唐宪宗次子李恽为太子。在唐宪宗因滥服丹药而身体恶化时，吐突承璀等人更是加紧了立李恽为太子的谋划。太子李恒为此十分紧张，好在梁守谦、王守澄等人在唐宪宗暴毙后，即刻拥立太子即位，是为唐穆宗。而吐突承璀和二皇子李恽则在这场突如其来的宫廷政变中双双殒命。

就此，一场皇位争夺战告一段落。正所谓一朝天子一朝臣，唐穆宗对扶植自己登基的一干人等给予了不同的赏赐，对于父皇的亲信和宠臣则分别处以贬斥和杀罚。因为白居易曾担任太子左赞善大夫，唐穆宗了解他的能力与为人，同样深知他遭受的不公。于是，登基之后，唐穆宗在朝中正直官员的支持下，决定起用白居易。

白居易所有的冤枉与委屈，在接到返京诏书的那一刻烟消云散。被贬谪的这六年，他的身体与心灵都遭受着巨大的摧残。然而一切都结束了，在这样一个生机勃勃的春日里，他的仕途也终于呈现出向上的转机。一连几日，白居易和妻子都在忙着收拾返京的行李，白府上下都笼罩在一片喜悦的氛围里。

临行前的那一夜，白居易久久不能成眠。明日一早，他即将踏上归程，可他却有些遗憾：在忠州的一年多时间里，没能为当地百姓谋到更多的福祉。这里依然萧条荒僻，不知他走之后，下一任刺史能否让这里呈现欣欣向荣的面貌。

直到登船离开的那一刻，白居易依然放心不下忠州的百姓。百姓们扶老携幼，纷纷来码头送行。他们同样舍不得白居易，是他的到来，让大家看到了一丝生活向好的希望。他们恳求白居易留下来，可惜皇命难违，白居易纵然不舍，也必须返京。

从忠州到京城，是一段漫长而艰险的路途。白居易一行人从晚春走到初夏，终于在阳光和暖的时节见到了巍峨的帝都皇城。

六年沧桑沉浮，唯有亲身经历的人才知其中甘苦。白居易的眼眶在遥望到京城的那一刻便湿润了。光阴的风，苍老了容颜。与六年前离开时相比，白居易更加憔悴消瘦，两鬓斑白，华发满头，面容黢黑，虽然还不到五十岁，看上去却与一名老者无异了。走在长安街头，再无人能认出这就是大名鼎鼎的才子白居易。经过那些熟悉的场所，里面都是陌生的脸孔。即便白居易自报家门，那些人脸上也只有茫然的神色，并不知道白居易是何许人也。

原来，沧海桑田，真的意味着一个时代的变迁。再一次坐在那间熟悉的书房里，白居易恍如隔世：

恻恻吟

恻恻复恻恻，逐臣返乡国。

前事难重论，少年不再得。

泥涂绛老头斑白，炎瘴灵均面黎黑。

六年不死却归来，道著姓名人不识。

京城中并非真的没有人记得白居易，至少他的好友元稹心中一直惦念着他。早在一年之前，元稹便被唐宪宗调回京城，担任膳部员外郎。唐穆宗即位后，在宰相段文昌的推荐下，元稹被授祠部郎中、知制诰。

唐穆宗自幼喜欢元稹的诗歌，因此对元稹特别器重，甚至时常与他探讨西北边事，令其出谋划策。唐穆宗即位几个月后，元稹又被擢升为中书舍人、翰林承旨学士。白居易返京时，正是元稹意气风发的时候。

元稹是第一个来为白居易庆贺的人。自从上次三峡一别，已过去一年多。白居易替元稹高兴，同时也隐隐替他担忧。朝廷纷争不断，他担心元稹卷入党争之中，想要劝说，却又不好说得太深。好在，重逢的喜悦能冲淡一切不安，他们相互勉励，期待着有朝一日能一同在朝堂上青云直上，携手辅佐皇帝，重现昔日盛世光景。

回到京城近半年光景，白居易偶尔也会觉得恍惚。这里的一切都太过熟悉，仿佛离开的那几年只是经历了一场大梦。越来越多志同道合之士聚集在白居易身边，闲来无事，他们时常聚在一处，舞文弄墨，谈论时政。

元和十五年（820年）冬，白居易被擢升为主客郎中、知制诰。几乎是与此同时，弟弟白行简也被授职左拾遗。弟弟获封官职，白居易比自己升迁还要高兴，迫不及待地为弟弟写去诗文庆贺：

闻行简恩赐章服，喜成长句寄之

吾年五十加朝散，尔亦今年赐服章。

齿发恰同知命岁，官衔俱是客曹郎。

荣传锦帐花联萼，彩动绫袍雁趁行。

大抵着绯宜老大，莫嫌秋鬓数茎霜。

一场隆重的升迁宴，在白府拉开帷幕。朝中有头有脸的公卿大夫悉数登门庆贺，然而，此时朝中党派纷争初露端倪，众人分属不同阵营，宴席间的气氛变得有些微妙。

朝中党派纷争的由来，还要从唐宪宗在位时说起。当年，唐宪宗下令在长安举行一场选拔人才的考试，当时还是举人的牛僧孺、李宗闵在考卷里对朝政进行了批评，因此获得主考官的青睐，将他们二人举荐给唐宪宗。

此事传到时任宰相的李吉甫耳中，他无法容忍区区两名举子揭露自己的短处，便在唐宪宗面前进谗言，说牛僧孺和李宗闵二人与考官有私人关系，这才获得举荐。唐宪宗轻信了李吉甫的话，将几名考官降职，牛僧孺和李宗闵也没能获得提拔。

此事一出，朝野哗然。许多朝臣纷纷为牛僧孺等人鸣冤，谴责李吉甫嫉贤妒能。在舆论的压力下，唐宪宗不得不退让，将李吉甫贬为淮南节度使。从此，朝臣之中便渐渐形成了两个对立的派系。

李吉甫死后，牛僧孺获得重用，被提拔为监察御史、吏部员外郎；李宗闵则因参与平定淮西叛乱有功，迁驾部郎中、知制诰；李吉甫的儿子李德裕则随后入仕，任监察御史。

唐穆宗继位后，牛僧孺改任御史中丞，专管弹劾之事，李宗闵官拜中书舍人；李德裕则被召入翰林院，充翰林学士。唐穆宗做太子时，便素闻李吉甫大名，继位后便对李吉甫的儿子李德裕极为器重，常让他起草朝廷的诏制典册。

因为昔日恩怨，李德裕与牛僧孺、李宗闵二人始终不睦。他们身后各有一批拥趸者，时常因为朝政相互攻讦，甚至在白居易的升迁宴上，众人也忍不住唇枪舌剑地争论一番。

白居易隐隐觉得，元稹似乎也参与到了党派纷争当中。他知道元稹有济世之才，胸怀韬略，不甘人后，若是能稳扎稳打，早晚有登堂拜相的一日。可是，经历了宦海浮沉，遭遇了几番贬谪之后，如今重回朝堂的元稹有些心急。他刚回京不久，亟须朝中根深蒂固之人的推举，或许只有加入某一阵营当中，才是迅速升迁的办法。白居易在席间委婉地劝说元稹要亲贤者、远小人，可元稹似乎并未觉得加入党派有何不妥。他坚信自己心怀黎民百姓，无论自己属于哪一党派，都是为了给百姓谋利。

眼见劝说无用，白居易不好说得太深。他只希望元稹不要堕入党争的深渊，也暗暗寻找机会，与元稹深谈一番。

树欲静而风不止

　　一场喧哗的升迁宴暗潮汹涌，党派之争的明枪暗箭让白居易疲惫不已，刚刚回到朝堂的他，竟因此生出几分归隐之心。

　　为俗世所累，最是烦心。身在官场，总要说一些言不由衷的话，应付不喜欢的人和事。不参与党派之间的争斗，是白居易最后的底线。拿定了主意，让心静下来，便任由它风动抑或帆动吧。

　　那日宴席结束，众人纷纷散去，只有元稹、李宗闵、王起三人留了下来。他们都是白居易在中书省的同僚，元稹与白居易的交情自不必说，李宗闵与白居易也有些渊源。当年，李宗闵在元和朝制科案中触怒李逢吉，多亏白居易上书搭救。因此，李宗闵对白居易一直有感恩之心，白居易此番能够返京，李宗闵也出力不少。

　　至于王起，虽与白居易并不熟悉，但白居易素来听闻王起的贤名。他是德宗一朝的进士，也是前宰相王播的弟弟，博文好学，过目不忘，尤其擅长诗词歌赋。得知自己即将与白居易成为同僚，王起早就盼着能与他一同探讨诗歌的妙义。

那一晚，他们聊到深夜，意犹未尽，便一同留宿在白府。为了纪念这一夜的欢聚，白居易还专门赋诗一首：

初除主客郎中知制诰，与王十一、李七、元九
三舍人中书同宿，话旧感怀

闲宵静话喜还悲，聚散穷通不自知。

已分云泥行异路，忽惊鸡鹤宿同枝。

紫垣曹署荣华地，白发郎官老丑时。

莫怪不如君气味，此中来校十年迟。

年近五十，初登曹署。看到自己同僚大多是青年才俊，白居易自惭蹉跎了岁月，诗句中也有了些许悲叹的情绪。然而李宗闵欣赏白居易，希望将他拉入自己的阵营当中。

李宗闵与元稹之间素有嫌隙，元稹因为想要谋求相位，一直嫉妒地位在自己之上的裴度。而李宗闵属于裴度门下，自然与元稹不睦。他知道白居易与元稹友情深厚，但无论如何不希望看到元稹发迹，于是，哪怕当着元稹的面，李宗闵也要向白居易抛出橄榄枝。

白居易无心党争，只推托说自己年近五十，能身着绯袍已是莫大的荣宠了，即便就此退隐田园，也心满意足，早已没有年轻时的雄心壮志了。

元稹看出李宗闵的用意，出言讥讽了几句，两人险些又在席间唇枪舌剑地争论起来。白居易左右为难，却又不得不居中调停，好不容易让二人暂时压下怒火，白居易却觉得，行走在如今的朝堂，有如履薄冰之感。想要远离朋党之争，

又不能得罪任何一方，实在令他心力交瘁。

白居易的舅兄杨虞卿与牛僧孺住对门，与牛僧孺一党往来密切，众人时常在杨虞卿家的南亭聚会，甚至许多朝政大事都是在这里决策的。白居易为了远离朋党，尽量减少与杨虞卿往来。然而树欲静而风不止，他虽无心参与党争，党争却常常主动找上门来。

元稹主张改革制诰文体，将骈俪文体改成散文体。白居易深表赞成，为了让朝中官员以及皇帝一点点适应，他在写制诰文稿时，先在骈俪文体中加入一点散文体，元稹却觉得他太过小心翼翼，而李宗闵则觉得这样的文稿非驴非马，不如骈俪文体能彰显皇家文风。

为此，元稹与李宗闵又是一番激烈争论，白居易夹在中间，两头不讨好。最终，他还是决定遵从内心，依然在骈俪文体中夹杂散文体，渐渐地，他的制诰文体在朝廷内外产生巨大反响，越来越多官员效仿他的文体。于是，白居易专门将制诰编成《白朴》一部，传授制诰写法，官员们纷纷求访。白居易也因为撰写制诰出色而获升迁，官拜中书舍人。

归朝两年，仕途三迁，白居易的官运表面上顺风顺水，实际上却暗潮汹涌。

长庆元年（821年）春，朝廷举办科举考试，主考官为礼部侍郎钱徽，以及右补阙杨汝士。曾经的礼部侍郎杨凭之子杨浑在考试之前以重金贿赂前宰相段文昌，以求进士及第。段文昌在赴任川西节度使之前，将此事拜托钱徽。与此同时，翰林学士李绅也将与自己亲近的举子周汉宾举荐给钱徽。

然而，放榜之日，杨浑与周汉宾皆榜上无名，在及第的十四人中，却有李宗闵的女婿苏巢、杨汝士的弟弟杨殷士、裴度的儿子裴撰、郑覃的弟弟郑朗。由此一来，天下士子皆嘲笑这一榜为"关节榜"，一时间，在士子们心目中，科举考试再无公平和威严可言。

段文昌因此大怒，向唐穆宗奏称礼部贡举不公，都是凭"关节"录取。唐穆宗询问翰林学士李德裕、元稹、李绅，他们皆认为段文昌所揭发的是实情。于是，唐穆宗下诏，令王起和白居易主持复试。

这是个烫手的山芋，白居易心知肚明，这些公卿子弟能榜上有名，的确是凭关系。如果秉公处理，他们很难考中。但这样一来，也必定会得罪这些公卿，尤其是杨汝士，还是白居易的亲舅兄。

然而皇命难违，白居易又生性耿直，拒不接受任何人的贿赂，坚决不肯透露与考试有关的任何一个字。他与王起慎重商议考题，又得到唐宪宗的批准，复试如期举行。再次放榜时，一批真正有学识的士子被录取，而上一次考中的十四人里，只有三人勉强登榜。

天下士子更加确信上一次考试存在严重的不公，纷纷抗议，要求对舞弊者进行严惩。在舆论的压力下，唐穆宗将钱徽贬为江州刺史，将杨汝士贬为江开令，李宗闵也被贬为剑州（今福建省南平市延平区）刺史。

由此一来，李宗闵、杨汝士等人心怀怨恨，从此，李德裕、李宗闵与牛僧孺正式各分朋党，相互倾轧，一场持续了四十年的党争正式拉开帷幕。

曾经，李宗闵和牛僧孺因为在科举考试中抨击时政而得罪李吉甫，白居易为他们二人极力辩护，如今却没有为李宗闵说一句话。无论哪一次，白居易都是站在公正的立场，与私情无关。他用行动表明了自己不加入党争的立场，然而，如今这浑浊的宦海中根本无法包容立场坚定的人，白居易的仕途再一次埋下危机的种子。

他并没有想到，自己维护公正的结果，竟然是惹来流言蜚语纷纷。有人说他不识时务，得罪当朝公卿；有人说他出卖亲友，连亲舅兄也不放过。更不知从哪里传出谣言，说皇上本无意重新举办科考，只希望白居易走走过场，维持原有的进士名单，可白居易竟然不识抬举，真的秉公处理，连皇上也得罪了。

这些流言愈演愈烈，一时间，朝中官员纷纷对白居易提防起来，在朝中对他进行排挤、冷落。这样的朝廷，令白居易感到悲哀。他不想与任何人结党，更不想与任何人为敌。重考之后，白居易一向敬重的裴度也与他疏远了，再不像从前那样诗文唱和往来。他想缓和与裴度之间的关系，却迟迟找不到机会。

长庆元年（821年）秋，河东、宣武、卢龙三镇节度使张弘靖被幽州军囚禁，其部下推举朱克融为卢龙节度使。魏博节度使田弘正在镇州被王廷凑所杀，王廷凑自称节度留后。宰相王播无能，对叛乱毫无办法，朝廷派出十余万人的军队攻打叛镇，竟没有取得一丝成效。

唐穆宗性格荒唐乖戾，唯一正确的决定，便是令裴度任镇州四面行营招讨使，讨伐叛乱。裴度从上任那一日起，便检阅军队，补充士卒，舍去睡觉的时间，亲自督战军队，身先士卒，斩杀贼将，攻破敌城。前方捷报频频传来，唐穆宗升裴度为检校司空，兼任掌管北山诸蓄使。

元稹一直在朝中寻找成为宰相的机会，而裴度则是他最大的竞争对手。据传言，裴度在山东指挥作战时，送回朝廷的军务奏章，大多被元稹扣下。不知这一传言是否属实，反正裴度得知后忍无可忍，一连呈上三道奏章揭露此事，请唐穆宗处置元稹等人破坏讨伐幽州军事的罪行。

唐穆宗无奈，只得免去元稹宫内官职，但对元稹的欣赏丝毫不减。没过多久，元稹又被授予平章事，而裴度则被解除兵权，代理司徒、同平章事之职，并调任东都留守。

谏官们为此纷纷进谏，以裴度的将相之才，不应该被闲置在东都。唐穆宗再一次迫于压力，只得命裴度由太原启程，经长安赴洛阳。当时叛乱尚未平息，而元稹是主和派，奏请唐穆宗罢兵，一旦唐穆宗准奏，裴度便失去了兵权。

自从裴度率军平息叛乱那一日起，白居易便失去了与裴度缓和关系的机会。更令他无法接受的是，随着元稹与裴度之间的矛盾日渐加深，他与元稹的友情也渐渐疏离。一心谋求权力的元稹，已经变得让白居易越来越不认识了。

曾经知己成陌路

有些情，每当回忆，只剩无尽的辛酸。知己之间的爱恨别离，有时比男女之情更凄美忧伤。曾经相隔万水千山，两颗心却仿佛贴在一起。如今近在咫尺，却再也读不懂彼此的心，那是怎样一种难言的悲凉？

长庆二年（822年）二月，元稹终于登上了梦寐以求的相位。从返京至今，不到两年的时间，元稹便实现了从七品小官到宰相之位的飞跃。这是每一个文人可望而不可即的梦，就连元稹也觉得，自己获得的荣宠实在太多了。

这期间，白居易也曾尝试着调和元稹与裴度之间的矛盾，但只要谈及政事，两人便因观念不同不欢而散。白居易知道，元稹与裴度谁对谁错很难分辨，或许，他们处于各自的立场，谁都没有错。可是，白居易与元稹的感情渐渐疏远，却是再难改变的事实了。

有人说，元稹能登上相位，是因为他结交宦官，白居易知道这种说法对元稹并不公平。元稹成为宰相，的确少不了宰相段文昌等人的提拔，但归根结底，还是源于唐穆宗对元稹才华的欣赏，以及两人在政治观点上的一致。

朝堂之上，没有人比白居易更了解元稹的个性。元稹有锋利的一面：若是从好的方面看，是刚正不阿，敢于碰硬骨头；若是从不好的一面看，则是锋芒毕露，让人感觉他急功近利，沽名钓誉。

其实，元稹与裴度之间并没有个人恩怨，白居易几番调和不成，是因为元稹与裴度对政治的见解出现了分歧。尤其是对待削藩问题上，两人不同的主张变成了矛盾的焦点。

有人把裴度平叛失利的罪责怪在元稹身上，白居易总觉得元稹在这件事中是代人受过的一方。而他代表的一方，则是一直主张"休战"的翰林学士集团。

即便元稹颇受唐穆宗青睐，对于削藩这样的军国大事，他是没有胆量阻挠的。以朝廷如今的现状，平叛失利实在有太多原因：连年征战，官军早已缺乏战斗力；几路大军各自为政，不服从统一的指挥；朝廷的补给也不够及时。如果把罪责都推在元稹一人身上，白居易觉得实在太不公平。

若公平地说，裴度在一连三道奏章中对元稹的指控，也多少带有一些个人意气。他不光把矛头指向元稹，还同时指责了李德裕和李绅等翰林院学士。

许多个无眠的夜晚，白居易都在思索如何化解元稹与裴度的矛盾。他们二人早日化干戈为玉帛，无论对元、白二人之间的友情，还是对朝廷，都是件好事。可是细细想来，裴度与翰林学士们之间积怨已久，矛盾的根源还是对待藩镇问题的态度，这实在难以调和。

翰林学士们大多是主和派，裴度难免将对全部翰林学士的不满都发泄在了元稹一人身上，甚至在奏章中说元稹是"奸邪"，未免言辞过激。

在对待削藩的态度上，白居易支持裴度的主战观点。只是出于友情，他更能理解元稹。毕竟元稹与翰林学士之间有密不可分的内在联系。元稹与段文昌有姻亲关系，在官场上相互提携。而元稹和李绅之间私交甚密，早年曾共同为新乐府运动的领军人物。即便没有这层私情，唐穆宗自己对于削藩问题的态度也并没有那么坚定。

唐穆宗继位之前，便听说天下百姓因唐宪宗用兵削藩的举动困扰已久，因此，他继位之后，从心底里便对藩镇抱有姑息态度，而翰林学士们与唐宪宗的想法不谋而合。

靠武力削藩，对于此时的朝廷来说，的确困难不少。裴度主张靠武力平叛，或多或少是因为高估了朝廷的实力，对于战况的判断也不够准确。元稹主张以"智"取胜，离间河北几个藩镇，动机也是好的。只不过，他的某些做法，白居易不敢苟同。尤其是元稹买通兵部、吏部，弄出一些伪告身，更让白居易觉得此时的元稹为了稳固在朝中的地位，已经有些不择手段了。

可是，亲手把元稹送上相位的是唐穆宗，在元稹与裴度之间的矛盾里，唐穆宗难道就没有责任吗？按照惯例，新任宰相任命必须由前任宰相举荐，可唐穆宗却破坏了惯例，只要是他看重的人，便随意任命。身为皇帝，肩负家国重任，唐穆宗却难改幼稚习性，只凭个人喜好做事。他重用元稹，就是因为欣赏元稹的文学才华。把个人喜好与政治混淆在一起，实在不是一代明君该做的事情。

可惜，没有人敢指责皇帝的不是，白居易暗暗担心，裴度与元稹之间的矛盾，终将引发一场腥风血雨。

这一年春天，幽州战事再现危机，北方重镇弓高被叛军重重围困，就在此时，朝廷派出的宦官在夜间赶到弓高，守城将士不肯轻易打开城门，直到天色大亮，才放宦官进城。宦官因此大怒，厉声辱骂。这一情况被幽州叛军间谍得知，便心生一计，派人假扮朝廷公使，连夜来到城门前喊话，要求进城。有了上一次事件，守城将士不敢怠慢朝廷公使，只好开门放行。叛军趁城门打开，迅速闯入城中，攻下弓高，随后又将下博团团围住。

消息传到朝廷，唐穆宗立刻召集群臣商议。朝堂上，元稹主张息兵，对幽州叛军重加赏赐，安抚军心。白居易虽了解元稹的用意，却不愿赞同。他认为，叛军此时围住下博，已有了势必攻下的决心，如果在此时和谈，是长叛军威风，灭官军士气。长此以往，藩镇叛军士气更胜，到时朝廷将面临更大的危机。

牛僧孺也是主和派，他认为和谈才是上策。多年来，天下苦于战乱，如果能和谈成功，多留一些时间休养生息，大唐也有中兴的希望。

白居易深知唐穆宗有苟且偷安的心理，如果真的一味求和，国家恐怕有倾覆的危险。他觉得，此时朝廷与叛军已处于剑拔弩张的态势，把时间浪费在和谈上，就等于贻误战机。他站了出来，恳请唐穆宗听一听自己的建议：

首先，自从幽州叛乱以来，朝廷派出的将领众多，却赏罚不够分明，如果不严明军纪，赏罚明朗，则胜利无望；其次，奏请皇帝派李光颜率领三万精兵从东侧开通弓高粮道，以解深州之围，与牛元翼合兵之后，再派裴度率军从西面进攻，东西夹击，若战胜叛军，则准许他们投降纳款；再次，在进攻的同时进行招降，一边打击叛军精锐部队，一边抚慰叛军军心，达到攻心的目的；最后，遣散监军，废除监军制，军令合一，才有胜利的希望。

唐穆宗听到白居易的前三条建议，原本还频频点头。可是一听说要废除监军制，便眉头紧锁。唐穆宗继位，全靠宦官扶持，废除宦官监军制度，便是得罪了宦官。

元稹知道，自己能有登上相位的一天，全靠皇帝宠信。此刻，他必须主动站出来维护唐穆宗。他反对废除监军制度，理由是，一旦军队中没有监军，皇帝便在军中失去了耳目，如何能提防军队哗变？

白居易在朝堂上向元稹痛陈监军的危害，又用当年淮西大捷举例，正是唐宪宗当年取消了监军，裴度才能毫无束缚地指挥军队获胜。然而，元稹却不以为意，他坚称，如果没有监军，军中将帅功高盖主，恐怕连皇帝也无法制约。到时候，难保不会成为第二个安禄山？

相识近二十载，这是元稹第一次与白居易如此激烈的争辩，更何况还是在朝堂之上，白居易突然说不出话了。他不是理亏，而是实在不敢想象，两个推心置腹的人，一旦在朝堂上公开翻脸，会是怎样的局面。白居易害怕见到那样的局面，于是，他默默地后退了一步，重新站回众人之中，低头不语，眼神中却有伤痕。

那日下朝，元稹径直从白居易身边走过，不曾留给他一个眼神。白居易看着元稹的背影，久久立于原地。他们之间的关系就如同此刻的距离，渐行渐远。

路过勤政楼时，骑在马上的白居易看到楼西侧那棵枝干半枯的老柳树，突然伤感。那是开元年间栽种下的一棵柳树，如今已是百岁高龄。骑在马上的白居易望着老柳树出神，过了许久，才轻声吟出一首诗，他的声音那样轻，仿佛是有无尽的心事，在向老柳树倾诉：

勤政楼西老柳

半朽临风树，多情立马人。

开元一株柳，长庆二年春。

他终究还是没有将自己的心事说出来，或许白居易觉得老树通人性，他无须多言，老柳树也能读懂他的难过，所以它才在风中摆动自己多情的柳条，就是为了安慰面前这个萍水相逢的老人。

在宫廷中站立了百年，老柳树看过太多人世沧桑。也许在它眼中，年过半百的白居易不过是个年轻人，他所经历的苦痛，多年之后再去回想，便都不值一提了吧。

第七章

独善其身·半江瑟瑟半江红

花非花，雾非雾

人生如梦幻泡影，如露亦如电。有些美好曾经长久地存在，却又突然消逝，便更令人追念、惋惜。与元稹的友情走到尽头，这令白居易很难接受。多少个辗转反侧的夜晚，一种莫名的忧伤缭绕在心头与脑海，如花如雾又如梦，却又非花非雾又非梦。直到天明，这种忧伤才肯渐渐散去。

白居易写诗一向以通俗易懂为原则，可这股忧伤的情绪对他影响太深，于是，便有了这首意境朦胧的诗：

花非花

花非花，雾非雾。夜半来，天明去。

来如春梦几多时？去似朝云无觅处。

白居易在朝堂上关于平叛的谏言并未获得采纳，反而元稹等人的主和意见占了上风。随着几次战争失利的消息传到朝廷，唐穆宗决定，召裴度回京，同时为叛军首领王廷凑加官晋爵，以此求和。

去叛军营中宣读皇帝诏书的使命，落在了时任兵部侍郎的韩愈身上。这不是一份美差，众人皆知，王廷凑凶狠残暴，朝廷派去的宣慰使很可能无辜丧命。白居易和元稹都认为，韩愈如果死在叛军营中实在可惜，唐穆宗也有些后悔派韩愈前去，可惜又无合适的人选，只能叮嘱韩愈到了成德军边境后先不要急于入境，先观察形势变化，以防不测。

韩愈临危不惧，只身前往。面对叛军拔刀开弓的场面，义正词严，宣读圣旨，叛军上下都为韩愈的大义凛然所折服。

即便韩愈完成了向叛军宣旨的重任，朝廷平叛失败的结果还是无法改写。裴度回京后，唐穆宗虽拜他为宰相，却同时将他打发去东都留守，处理洛阳的政府与防务。与元稹相比，裴度等于明升暗降，在二人之间这场无形的争斗中，终究还是元稹更胜一筹。

然而，一双不怀好意的眼睛，正以看戏的眼神盯着这场"热闹"。这双眼睛属于李逢吉，一个觊觎相位的小人。他曾在宪宗一朝任过宰相，因为阻挠裴度讨伐淮西，被唐宪宗贬为剑南东川节度使。唐穆宗继位后，看在李逢吉曾为其侍读的情分上，令他返京，任命为兵部侍郎。

贪心不足的李逢吉始终想坐回宰相之位，而元稹与裴度的矛盾，让他嗅到了一丝机会的味道，如果利用他们二人的矛盾，扳倒任意一人，李逢吉都可以坐收渔翁之利。于是，李逢吉指使别人诬陷元稹结交和王李绮的师傅于方，打算行刺裴度。这是个不小的罪名，唐穆宗立刻下令彻查此事，而负责调查此事的人，正是诬陷元稹的幕后主使李逢吉。

只是，就连当事人裴度都无法相信元稹会做出刺杀自己的事情，李逢吉虽能指使别人言之凿凿地诬告，却无法伪造足以令人信服的证据。最终的调查结果是，元稹并没有刺杀裴度的图谋。但朝廷命官私下结交江湖人士也不合规矩，盛怒之下的唐穆宗同时罢免了元稹和裴度的相位，贬元稹为同州（今陕西省大荔县）刺史，贬裴度为左仆射。背后诬陷者李逢吉则如愿以偿地重登相位。

白居易为元稹和裴度遭受不白之冤而心寒，如此子虚乌有的诽谤，竟然让两位宰相同时遭贬，这样乌烟瘴气的朝廷，已经不值得白居易留恋了。

元稹离京那日，白居易前去送行。两人之间的龃龉似乎因这一场突如其来的风波化解了。一切都是权力与欲望在捉弄，只有两人重新站在同一高度上，两颗心才能再次贴近。

白居易已不奢望元稹能重登高位，只希望他能保重身体。那日送别之后，白居易对皇帝与朝廷越发心灰意冷。从他的诗中，便能感受到他的失望：

后宫词

泪湿罗巾梦不成，夜深前殿按歌声。

红颜未老恩先断，斜倚熏笼坐到明。

他看似是在代宫人作怨词，实则是在写官员遭受的不公与无奈。无论是元稹也好，裴度也罢，还有白居易自己，都像诗中的宫人盼望君王的宠幸一般，期待能凭自己的能力获得赏识。然而，即便是曾经受到皇帝重用，也是短暂的，就像宫人的恩宠，稍纵即逝。

这一边，被贬的官员正在怆然涕下；那一边，刚刚获得重用的官员却在君王的陪伴下寻欢作乐，夜夜笙歌。如果从未获得过皇帝的赏识，白居易或许也不会像现在这样失望。可是，他与元稹、裴度都曾是皇帝身边的重臣，此刻恩宠断绝，更令人绝望。

不知道唐穆宗在看到李逢吉时，是否会想起元稹和裴度的好。他们都无力改变现状，只能等待皇帝转变想法。

那一日傍晚，白居易在翰林院北亭偶然发现台阶前的红牡丹还开着两朵残花。那是翰林院最后的春色，明早若是起风，这最后两朵牡丹也必定会被吹落枝头。白居易突然心生惜花之情，天色渐暗，他特意点亮灯笼，照着两朵残花端详。

世人总是在落花之后才惜花，白居易却在牡丹尚且绽放的时候联想到红衰香退之日。他不只是在惜花，更是在惜人。如今他自己正受皇帝赏识，可是一旦皇帝转变了心性，他又哪里知道自己未来的下场如何呢？

吹落牡丹的那一场大风，未必就在明日刮起，但天有不测风云，朝中官员随时都可能由盛宠堕入凄凉，到时候是怎样的境遇，白居易不敢想。

与其终日在高位上为将来的处境悬心，不如早日离开朝堂，到一处风景宜人之地为官。对朝廷的失望，让白居易有了独善其身的念头。只不过，朝廷刚刚罢免了两位丞相，正是用人之际，白居易只能静静等待时机。

中书省的公务，已让白居易百无聊赖。那日在宫中值班，中书省只剩他一人。黄昏的皇宫，是一个寂静的世界，无事可做的白居易倍感无聊。他觉得，就连时间流淌的速度都变得缓慢了。按照皇宫里的规矩，值班的官员不可四下走动，中书省虽不小，但困在这里不能出去，也难免令白居易感到逼仄。

中书省内遍植紫薇花，此时正是紫薇花开的季节。白居易便对着鲜花，听着刻漏声，打发着空虚无聊的时光。

如此沉闷的氛围，如此没有意义的工作，白居易已经失望透顶。寂寞之中，紫薇花是他此刻唯一的陪伴，他索性铺纸研墨，写诗赠花：

紫薇花

丝纶阁下文书静，钟鼓楼中刻漏长。

独坐黄昏谁是伴，紫薇花对紫微郎。

如今朝廷只有李逢吉一人身居宰相之位，唐穆宗一直在寻找合适人选填充相位。官员中呼声最高的是翰林学士李德裕，他与元稹私交甚厚，李逢吉担心李德裕成为宰相后，很快就会把元稹调回京城。几番权衡之后，李逢吉向唐穆宗举荐了牛僧孺，这是一石二鸟之计。牛僧孺与元稹不属一党，又与李逢吉有交情，若牛僧孺成为宰相，李逢吉既成全了友情，又让元稹再无翻身的机会，何乐而不为？

或许是命运使然，一本意外查出的账册，让牛僧孺在唐穆宗心目中得到了绝对的信任。那一年，前宣武节度使韩弘和儿子韩公武相继离世，只留下年幼的韩绍宗。唐穆宗担心韩家奴仆欺负幼主，便命宦官去韩家清点财产，托付给韩家长者。就在清点韩家财产的过程中，宦官发现一本账册，上面记载着韩公武向朝廷官员行贿的记录，足有上千条之多。

其中一条记得清清楚楚："某月日，送牛侍郎物若干。"后面还注明："不受，却付讫。"就凭这一条记录，唐穆宗对牛僧孺大为欣赏，钦点他成为宰相。

宰相之位既已补齐，白居易觉得终于到了自己该离开的时候了。唐穆宗准许了白居易外放任职的申请，长庆二年（822 年）七月，白居易被任命为杭州刺史，这一次离京，他已毫无留恋。

仕途不如旅途

人生这段旅程，白居易已走过大半。几番浮沉过后，他已不在乎旅途的终点，只在意沿途的风景。

因宣武军作乱，汴路不通，白居易只好绕道襄、汉，前往杭州赴任。途经洞庭湖时，正逢湖水泛滥，淹没民田，百姓颇受水患之苦。

长江水浩浩荡荡，由西南劈开大山直泻而下，皆因当年大禹治水有方，才使得长江河道千余年来不曾堵溃，使百姓不再受水患之苦。若是没有大禹，或许沿江一带的民田与村庄早被淹没了，更不会有百姓在此生存。不得不说，大禹治水的确功不可没。

然而，看到洞庭湖水患，白居易却心生疑惑，既然大禹当初能将大水从岷江疏导至洞庭湖如此远的距离，为何却在离大海近在咫尺的地方停下，让水囷积于此呢？如今的洞庭湖与青草湖大小相连，水深万丈，水宽千里，白居易举目眺望，只见一片白茫茫水色。每年夏秋时节，洞庭湖极易发大水，湖水上涨时，将周围七个湖泊都连在一起，水中的鱼虾倒是因此得利，可百姓耕种的土地却遭了殃。

白居易自认不如大禹贤德，因此并非在责怪大禹，反而觉得大禹当初没有继续将大水疏通下去，一定是有其难言之隐吧。年代相隔甚远，真实原因已不可考，白居易只能通过观察古人留下的遗迹去推测。他觉得，或许是当年此地的苗人比较顽劣，不愿与中原地区连为一体，因此大禹疏通水路的工程也只能到此为止，却给后人留下了隐患。

　　在白居易看来，水患就与人体的毒疮和赘疣一样，必须对症医治。如果此时能再有大禹一样的贤能之才降世，必定会以疏导水流、掘开堵滞的方式治理洞庭湖。大唐的人力与物力皆比大禹治水时强得太多，工程进展起来也会比当年容易许多。若是能将洞庭湖水患好好治理一番，到时候千里洞庭湖说不定会变成膏腴良田，大唐王朝也可因此增加百万户居民了。

　　关于如何治理洞庭湖，白居易只能想想罢了。他不是这里的地方官，还要继续一路向南赶赴杭州。

　　从京城到杭州，三千多里的路程，白居易整整走了三个多月。那一日，途经蓝溪，令白居易心心念念的杭州已经近在咫尺了，他不由得一阵兴奋。

　　白居易总是自谦为庸鄙之人，从未想过如今年过半百，竟然有机会承蒙圣恩，远离朝堂这片脏污之地，来到山清水秀的江南。自从十几年前开始，白居易便渴望来到江南。遥想贞元末年，羁旅之中的白居易曾经来过江南。从那时起，他便爱上了这里，羡慕能在这里生活的每一个人。

　　白居易曾经打算致仕之后便来江南隐居，没想到竟然能有来江南做官的机会。对他来说，这是人生中最美的一段旅程，一场胜游，就此开始：

长庆二年七月自中书舍人出守杭州，路次蓝溪作

太原一男子，自顾庸且鄙。

老逢不次恩，洗拔出泥滓。

既居可言地，愿助朝廷理。

伏阁三上章，戆愚不称旨。

圣人存大体，优贷容不死。

凤诏停舍人，鱼书除刺史。

冥怀齐宠辱，委顺随行止。

我自得此心，于兹十年矣。

余杭乃名郡，郡郭临江汜。

已想海门山，潮声来入耳。

昔予贞元末，羁旅曾游此。

甚觉太守尊，亦谙鱼酒美。

因生江海兴，每羡沧浪水。

尚拟拂衣行，况今兼禄仕。

青山峰峦接，白日烟尘起。

东道既不通，改辕遂南指。

自秦穷楚越，浩荡五千里。

闻有贤主人，而多好山水。

是行颇为惬，所历良可纪。

策马度蓝溪，胜游从此始。

一首五律，写尽了白居易的心声。远离朝廷昏暗的政治，

远离激烈的牛李党争，他的心情是如此轻松愉快。

深秋九月，白居易距离杭州已越来越近。那日傍晚，夕阳西沉，一道残阳铺在江面上，却不炽烈，那是属于秋日夕阳特有的柔和，令人感觉亲切、安闲。

因为天气晴朗无风，江水只缓缓流动，江面上皱起细小的波纹。半个江面都被残阳、晚霞映照得红彤彤的，而另外一半没有阳光铺陈的江面，则是深深的碧色，仿佛有一道无形的分界线，将整片江面分割成两个世界。这奇特的景象令白居易沉醉，一想到未来的时光都将沉浸在如此美妙的静谧之中，白居易便喜不自胜。

随着残阳完全沉入地平线，一弯新月初升，白居易的眼前呈现出一片更为美好的景象。空气中降下冰凉的露水，江边的草地上挂满晶莹的露珠，仿佛是粒粒珍珠镶嵌在绿草上。圆润的露珠映着新月的清辉，闪耀着迷人的光泽。而那一弯新月挂在碧蓝的天幕上，仿佛一张精巧的弯弓。

眼前的一切都太过美好，九月初三，本是一个平平无奇的日子，却因为这样美好的景致，变得值得用诗来纪念一下了：

暮江吟

一道残阳铺水中，半江瑟瑟半江红。

可怜九月初三夜，露似真珠月似弓。

这样一个和谐、宁静的夜晚，白居易眼中的场景仿佛一幅精美绝伦的画卷。他喜爱江南，热爱江南，这里宛若世外桃源，是一片美丽的净土，城中有楼台水榭，百姓们口中是吴侬软语，来到这里，便仿佛世间再无纷争。

初到杭州，公务并不繁重，白居易索性拿出一段时间来行走于杭州各处，既是巡访民生，也是一场旅行。

那一日，白居易行走在杭州城中，忽然一阵悠扬的琵琶声传来，他循声走去，发现一名白头乐叟正在闭目抚琴。

那琴声中仿佛蕴含说不尽的往事，白居易安静地听他弹完一曲，早已被琴声打动。他上前拱手施礼，想要听听乐叟琴声中的故事。

乐叟一开口，便将白居易带回了遥远的从前。他自称是天宝年间的宫廷乐师，每当唐玄宗临幸华清宫，他都会在身边随侍，演奏琵琶和法曲。那是一个多么美好的时代啊，千官问候，万国朝拜，命妇们聚在华清宫，光是她们身上的首饰便能照亮石瓮寺。尤其是美丽的杨贵妃，她衣袂飘飘，舞姿翩翩，歌声婉转，眼波柔媚。

那时的华清宫，总是这样繁华热闹。可惜好景不长，燕寇攻入中原，安史之乱爆发。唐玄宗仓皇出逃，杨贵妃也死在了逃难的路上。后来，唐玄宗抑郁而终，乐叟从此失去了依靠，也失去了谋生的饭碗。

离开华清宫后，他一路漂泊，凄风苦雨中，唯有日日借酒浇愁，麻痹自己。后来，他辗转来到江南，靠弹曲儿为生，直到如今。

乐叟一边流泪，一边讲述过去的故事。他亲眼见证过天宝盛世的繁华，也看到过"万人死尽一身存"的悲惨场面。如此反差的人生，任何一个寻常人都无法坦然自若地接受。

那一刻，白居易忽然觉得自己和乐叟"同是天涯沦落人"。他们都对国家的变迁深有体会，或许，乐叟比白居易更幸运一些，至少他曾亲身经历过天宝盛世，而白居易一出生，经历过安史之乱的唐王朝便已经开始走向衰落。又或许，老者比白居易更不幸。曾经拥有过美好，再一朝失去，也许那是更痛苦的经历吧？

白居易告诉老者，他就是从京城来的。战乱之后的骊山渭水，已然宛若荒村。尤其是华清宫，那里常年宫门紧闭，唯有一年一度的寒食节，作为宫使的宦官前来祭扫，才会打开一次宫门。

六七十年光阴，说短不短，说长也不算长，大唐王朝却在这六七十年里经历了由盛而衰的沧桑变化。曾经，白居易也想拼尽全力，协助大唐扭转颓势，可在官场中沉浮了这么多年，他已从盛年步入花甲，也逐渐认清，自己身处的这个朝代似乎已不再有被拯救的可能。与其将时间浪费在昏暗的政治里，不如纵情山水，快慰人生吧。

江南的冬天并不难挨，不似京城那凛冽的北风。白居易只感觉冬衣穿了没有几日，和煦的春风便拂上了脸颊。那一日清晨，白居易登上望海楼，极目远眺，只见旭日东升，霞光万道，钱塘江水滚滚奔流入海，沪江长堤上闪着点点银光。

民间传说中，钱塘江潮也被叫作"子胥涛"，据说伍子胥因怨恨吴王，死后才驱水为涛。想必那涛声在万籁俱寂的夜晚，传入杭州城中的伍员庙内，声音会更加清晰吧。

杭州就是这样一个繁华、旖旎的地方，处处皆是诗情画意。每个时节的杭州，皆有不同的风情。梨花开时，便要饮梨花酒，还要看当地女子们在梨花飘舞中织绫，红袖翻飞，令人心醉。

由断桥向西南通往湖中直到孤山寺的，便是白沙堤。春日的白沙堤，烟柳葱茜，露草芊绵，宛若彩裙飘逸，又似湖面的水光波影。

目之所及，皆是浓郁的春意，这样诗意的景色，自然需要绝佳的诗句来赞美：

杭州春望

望海楼明照曙霞，护江堤白踏晴沙。

涛声夜入伍员庙，柳色春藏苏小家。

红袖织绫夸柿蒂，青旗沽酒趁梨花。

谁开湖寺西南路，草绿裙腰一道斜。

有生之年，能在这样的美景中生活一段日子，也不算虚度光阴了。白居易早已不再奢望能为朝廷做出功绩，只求能为百姓做些实事，便不算愧对自己头上的官帽了。

谁家新燕啄春泥

余杭盛景，给了白居易疗养心灵的空间。为官多年，他从没像此刻这样放松过。西湖的风，让他暂时放下执念，将纷扰朝堂搁置一旁，只专注于眼前景、眼前人。光阴偏爱江南，似乎在这里放慢了脚步。白居易似乎还不满足，希望这里的时光能就此定格，因为还有太多美好的事物等待着他去仔细品味。

杭州美景，天下少有，靠近青山，头枕西湖，三十里荷塘绕城，万松岭上苍松青翠，从行春桥至灵隐下竺遍植松树，人称"九里松径"。在灵隐山畔，传说天竺寺杜明禅师梦见有贤者来访，次日诗人谢灵运便将儿子送来此处寄养。杜明禅师因为此梦而建梦谢亭，别称梦儿亭。西湖旁，是南齐钱塘名妓苏小小之墓。光是这些盛景，便值得一遍又一遍地徜徉、感受。白居易时常感叹自己年老，留在杭州的岁月所剩不多，令人遗憾。

西湖、柳堤、望海楼，成了白居易百行不厌的地方。到了夏日，望海楼便成为杭州消暑胜地，白居易最喜欢在这里招待宾客。

黄昏时分，站在望海楼上，杭州城外的繁华景象尽收眼底。极目远眺，海天暮色茫茫一片，山川壮阔，万家灯火四面闪烁，如同天际银河倒映在江心，山高水阔，交相辉映。一阵仲夏晚风吹来，古木树叶萧瑟，酷似雨声。皓月临照平沙，洒下一片银白，如同秋霜之色，看上去倍感清凉。

这便是人间最美好的样子了吧？既有海天一色、山川壮阔的自然之美，又有万家灯火、水中渔火的人间安宁。这样的美好，白居易不愿独享，他要分享给远在京城的朋友——时任水部员外郎的张籍：

江楼晚眺景物鲜奇吟玩成篇寄水部张员外

澹烟疏雨间斜阳，江色鲜明海气凉。
蜃散云收破楼阁，虹残水照断桥梁。
风翻白浪花千片，雁点青天字一行。
好著丹青图画取，题诗寄与水曹郎。

张籍虽无法亲眼见到杭州大雨刚过、彩虹尚存的美景，但可从白居易用文字勾勒出的妙笔丹青中品读美景，别有一番风味：

雨后的江面上空，时不时有淡淡的烟云飘过，偶尔还夹杂着稀疏细雨。当云过雨收，一轮夕阳将金灿灿的余晖洒在湖面上，如此清新可人。经过雨水洗涤的江面，那样新鲜明净。阵阵海风袭来，凉爽宜人，又让夕阳的金光在水面上跳动，宛若金蛇游泳。

没有被夕阳照耀到的水面，呈现墨绿的颜色。天上的彩云时刻都在变化，水面上的云气也在不断飘涌，形成难得一见的海市蜃楼。随着水汽渐渐散去，海市蜃楼之景也渐渐残破，天边悬挂的那道彩虹也渐渐消残，映在水中，如同一座断桥，虽不完整，却美不胜收。

水波动荡，风吹浪打，如同许多花片飞舞，明暗交错。碧蓝的晴空下，一群大雁凌空飞过，仿佛是谁用妙笔在青天上勾勒出的一行字迹。白居易分明是在用作画的角度写诗，短短一行文字，便描绘出无限生机。

为了将杭州美景分享给好友，白居易特意请人将此刻的杭州画下来，又将此诗题在画上，寄往京城。他那按捺不住的欣喜，洋溢在字里行间。虽是外放任职，却能来到人间天堂之地，又何来遗憾？

只不过，身为杭州的父母官，白居易在杭州并非整日游玩赏景，百姓的甘苦始终被他记在心上，仔细探访之下，白居易发现了一些亟待解决的问题。

长庆三年（823 年）夏，杭州大旱，农田龟裂，稻禾被阳光灼烧得枯焦。百姓们请求放西湖水灌溉稻田，这的确是救急之法，稻米是百姓的口粮，无论如何不能让百姓颗粒无收。只不过，放了西湖水，湖中的鱼便遭了殃，用湖水缓解旱情并非长久之计。

西湖边有良田千顷，为了应对日后可能遭遇的旱情，白居易找来当地精通水利的能人共同探讨，最终决定在湖上修筑一条大堤，围湖蓄水，以泄湖水，来灌溉稻田。

在白居易的带领下，当地数万百姓纷纷加入修堤工程，他们挑土填湖，将湖水拦腰截断，分成里湖与外湖。众人齐力，只用短短一年时间便将大堤修筑好，有了这条堤坝，春天蓄存湖水，夏天干旱时则泄水灌溉稻田。

白居易在筑建堤坝的问题上格外用心，就连蓄水量与放水量都经过精确计算：每灌溉五十顷农田，湖水会下降一寸。因此，在放水时，他还派专人丈量水位线，确保湖水没有被浪费。农田被灌溉之后，还保证有充足的时间让水位线回归。即便是遇到严重的干旱期，湖堤的需水量也基本够用，若是还不够，就挖开临平湖，使湖水流入运河，灌溉农田便绰绰有余了。

修筑湖堤的过程，并非完全没有阻力。当地民间传说，放湖水会让湖中的鱼龙无处藏身，对钱塘县官不利。可是在白居易看来，百姓的生命远重于鱼龙的性命。至于放水有可能会不利于茭白、菱藕的生长，与维系百姓生计的稻米相比，也只能两害相权取其轻了。

也有人说，一旦放掉湖水，城中六井就会枯竭，白居易专门考察过，这种说法根本是无稽之谈。井水远低于湖水，湖中还有十眼泉水。即便湖水耗损，泉水也会涌出，更何况湖水也不会放至完全干涸，更不会影响到城中的井水。

白居易也专门考察过城中的六口井，那是早年间李泌任杭州刺史时开凿的，井水与湖水相通，偶有缺水，是因为水道堵塞，只要时常检查，及时疏通，以便能保证井水常有。即便遇到大旱，只要水道畅通就能保证井水充足。

湖堤修好之后，日常的巡视也不能松懈。有些大户人家时常与主管官员勾结，偷偷泄走湖水灌溉私田。白居易下令，各个小水管出口在不浇田时必须堵严，只要有一点小小的泄漏，便要追究主管官员的责任。

如果遇到接连暴雨的天气，湖水容易溃堤，主管官员必须及时巡守，做好预防。之前，笕决湖南面堤岸曾有缺口，若是洪水暴涨，便利用这处缺口泄洪。若水位依然不下降，则利用石函桥闸和水管同时泄水，以防溃堤。

解决了水灾与旱灾，白居易便可以继续安心徜徉于杭州美景之中。长庆三年（823年），元稹调任浙东观察使兼越州刺史。越州与杭州相距不远，早已尽释前嫌的白居易和元稹诗歌唱和往来更加频繁。他们一个极力在诗中称赞杭州，一个极力在诗中称赞越州，诗酒人生，极尽快慰，这对好友此生最大的快乐，都留在了江南温柔秀美的山水之间。

春光明媚时，白居易又来西湖。刚刚披上春天外衣的西湖生机盎然，他边走边观赏，行至孤山寺北、贾公亭西，暂且歇脚，举目远眺，只见春水初涨，水面与堤岸齐平，天边云卷云舒，与荡漾的湖水连成一片，仿佛一幅宁静的水墨图画，这便是江南最美的湖光山色。

正当白居易静静观赏西湖静如处子的神韵时，一阵清脆的鸟鸣声打破了周围的静谧，也让白居易恋恋不舍地把视线从云水交接之处收了回来。

春光难得而又宝贵，黄莺早早便抢占到树上洒满阳光的枝丫，生怕晚来一会儿便丢了这好不容易等来的暖意。不知谁家屋檐下的燕子，正在衔泥做窝，忙碌而又兴奋。莺在歌，燕在舞，这个春天一派勃勃生机。黄莺歌声婉转，唱着春天的妩媚；燕子衔泥筑巢，迎接崭新的一年开始。因为这小小的忙碌的生命，白居易忽然感受到了生命的美好。

早春时节，繁花尚未开遍，目光所及之处，唯有东一团西一簇的花丛，略显凌乱，却迷了赏花人的眼。那花开得太美，白居易几乎不知道把视线投向哪里才好，更无法分辨哪一朵花开得更好，只觉处处都美，应接不暇。

他骑在马背上，与二三好友一同信马由缰，在西子湖畔自由自在地游逛。草地尚不茂密，只浅浅地没过了马蹄，但丝毫不影响踏春之人的兴致。马儿似乎也能体会到白居易的闲情逸致，便不紧不慢地踏在青草地上，走上长长的白堤。

那里是白居易最喜欢的地方，绿杨掩映之下的白沙堤总是令他流连忘返。平坦修长的白沙堤静卧在碧波之中，游春之人在堤上络绎不绝，他们都和白居易一样，是来享受春日美景的。置身于人群之中，白居易丝毫不觉得喧闹，沉浸在湖光山色之间，反而更加心旷神怡，忍不住要写诗赞叹：

钱塘湖春行

孤山寺北贾亭西，水面初平云脚低。

几处早莺争暖树，谁家新燕啄春泥。

乱花渐欲迷人眼，浅草才能没马蹄。

最爱湖东行不足，绿杨阴里白沙堤。

发现美的能力，已深入白居易的灵魂深处。早春的杭州，并非处处都尽如人意，白居易却能从细微之处发掘出美。他始终在用欣赏的眼光看待杭州，比寻常人更能独具慧眼地发现它的动人之处。这里是上天赐予人间的天堂，任何时候都令人沉醉。哪怕是每日徜徉其中，也是意犹未尽的。

身在桃源，心在朝间

醉卧山水，吟风弄月，在杭州做刺史的三年，是白居易为官生涯中最惬意的三年。与混乱的朝堂相比，杭州简直就是一处世外桃源。白居易曾经以为自己可以就此归隐，可是从京城传来的每一个消息，都能轻易牵扯他的情绪。白居易终于认清，自己终究还是逃离不了纷扰尘世。

长庆四年（824 年）正月二十二，唐穆宗驾崩于寝殿，时年不满二十九岁。其实早在长庆二年（822 年），唐穆宗就因过度疯狂地玩乐而生病。那年十一月，唐穆宗在禁中与宦官内臣打马球时，一位内官突然坠马，唐穆宗十分恐慌，立刻停下来前往大殿休息。下马的一瞬间，唐穆宗感到一阵头晕目眩，站立不住，医官诊治为中风，从此卧病在床，再也没能康复。

病中的唐穆宗开始幻想长生不老，像他的父亲唐宪宗一样，痴迷于丹药。丹药之毒加速了唐穆宗的死亡，他死后，年仅十三岁的太子李湛在灵枢前继位，是为唐敬宗。这位新任皇帝并没有给唐王朝带来向上的转机，反而比他的父亲更加荒唐。

或许是因为年纪尚小，唐敬宗心中根本没有国家大事，只有玩乐。他继位后的第二个月，便给自己放了三天假：第一天，他在中和殿击球；第二天，又转往飞龙院击球；第三天又回到中和殿，大摆宴席，尽欢而罢。除了享乐，唐敬宗心中没有别的事情，就连皇帝每日例行的早朝也不放在心上。

　　白居易听说，唐敬宗继位的第三个月，一日睡到日上三竿还没有起床，大臣们从天不亮就等在宫外准备上早朝，皇帝迟迟不来，甚至有大臣坚持不住昏倒了。那日退朝之后，左拾遗刘栖楚以头叩地，血流不止，以此劝谏唐敬宗。唐敬宗表现出很受感动的样子，可是第二日依然迟迟不肯起床。到后来，一个月也难得上朝两三次。

　　为了劝谏唐敬宗上朝理政，在地方任职的李德裕专门呈上《丹扆箴》，唐敬宗只是表面上下诏书表扬了李德裕，自己却依然我行我素。

　　这样的皇帝，如何能带领唐王朝重返盛世？任期将满的白居易为此忧心不已。他已经接到朝廷的诏书，被任命为太子左庶子，分司东都（洛阳），五月即将赴任。

　　这又是一个闲职，太子左庶子本职是辅佐太子，可皇帝尚且年幼，哪里有太子需要辅佐？如果可以选择，白居易愿意永远留在杭州，至少这里远离朝堂，落得清净。

　　距离开杭州的日子越来越近，白居易对这片清山秀水越发恋恋不舍。他再一次来到春日里的西湖边，想要将这里的美尽收眼底，刻在心上，以供来日怀念。

　　春日的西湖，像一幅美丽的图画。湖边群峰围绕，湖面平静得令人心静。从孩童时代起，白居易便立志要到杭州做官，虽然直到年过半百才心愿得偿，但梦想成真的滋味总是令人欣喜的。对白居易来说，杭州的美景实在得来不易，他对这里有别样的深情，所以才不愿与杭州告别。

白日里，远处山峰上的松树排开层层翠色。到了晚上，月亮悬挂在湖水上空，在湖面上投下一粒明珠般的倒影。刚长出的早稻犹如碧毯上抽出的线头，新蒲就像青罗裙上的飘带。白居易终究还是心系百姓的，即便在西湖边赏景，也不忘关心农事。看到庄稼长得这样好，也不枉费他辛辛苦苦带领杭州百姓筑堤蓄水地劳作了。

回想自己为官多年，白居易有些惭愧。当初在朝堂上，他屡屡上书言事却不被采纳。京官没有做好，原本想要做一名隐士，却也做不好。只有在杭州的这几年，忙闲得当，甚合心意。所以，他更舍不得离开杭州。而舍不得的原因，有一半是眷恋西湖。

这样的美景，以后想见也是不易了。他唯有将西湖最美的样子写成诗，日后若是怀念，便拿出来回味一番：

春题湖上

湖上春来似画图，乱峰围绕水平铺。

松排山面千重翠，月点波心一颗珠。

碧毯线头抽早稻，青罗裙带展新蒲。

未能抛得杭州去，一半勾留是此湖。

在杭州做了三年刺史，白居易觉得自己并没有太卓著的功绩。临行之前，他想从这里带走一些东西留念。思来想去，只带走了天竺山的两块石头。在别人看来，两块石头并不值钱，在白居易眼中，这两块石头却比千金还要贵重。

离开杭州之前，白居易还有几件大事要完成。杭州的旱涝之灾一直是他心头放不下的大石，为此，他专门撰写一篇《钱塘湖石记》，将治理湖水的政策、方式与注意事项写下来，刻在巨石上，放置在西湖边，以供后人知晓，也有助于下一任杭州刺史治理湖水。

白居易俸禄不多，可他硬是从俸禄中节省出一笔钱，在离任之前，将这笔钱留在州库中，作为基金，以供后来治理杭州的官员作公务周转之用，事后再将基金补回原数即可。另外，白居易又将自己的全部诗作交给元稹，元稹则为他编成《白氏长庆集》五十卷。做完这些事，白居易心里总算轻松些，也可以放心离开了。

在百姓心目中，白居易是清廉的父母官，时刻想着为百姓解决困难。他们舍不得这样的好官离开，既然无力挽留，只能夹道相送。于是，临行那日，白居易一走出府衙，看到的便是这样的场景：杭州的父老乡亲们扶老携幼，几乎挡住了白居易的去路。他们为他设下送别宴，宴席上摆满酒杯，每一杯酒都承载着乡民们的热情与不舍。

白居易的确是一名深得民心的好官，但他向来自谦，觉得自己为政期间没有什么建树，热情的乡民们却因为他的离开而潸然泪下。他们越是这样，白居易越是惭愧，总觉得自己为他们做得太少。

在沉重的赋税与干旱的双重压迫下，杭州依然有不少贫民和饥民。白居易多想谴责那些统治者，他们身居高位，养尊处优，还惦记着盘剥民众。这个世界上最可怜的，便是最底层的劳苦大众。白居易对他们极尽怜悯，可凭他一己之力，又如何能改变现状？

他觉得唯一能做的，便是在任杭州刺史期间，为当地百姓修筑一条堤坝，疏通城中六井，预防旱涝之灾。可是百姓们知道，白居易为他们做的远远不止这些，他是个有爱民恤民之心的好官，百姓们爱戴他，舍不得他离开。

白居易接过乡民手中的酒，一杯又一杯地饮下。他不忍心落下任何一个人的情谊，酒落腹中，情留心头。在杭州期间，白居易题诗十余首，这次，他要再写一首诗，送给前来为自己送行的每一位乡民：

西湖留别

征途行色惨风烟，祖帐离声咽管弦。

翠黛不须留五马，皇恩只许住三年。

绿藤阴下铺歌席，红藕花中泊妓船。

处处回头尽堪恋，就中难别是湖边。

挥泪告别杭州乡民，白居易踏上前往洛阳的旅途。一路上，他的行李有些沉重，除了从天竺山捡来的两块石头，还有一只华亭鹤。白居易十分喜欢这只鹤，小心翼翼地用稻粮喂养，还用柔软的草席和褥垫将它包裹起来。他知道养鹤最费心思，可无奈太喜爱了，这才舍不得把它丢在杭州，一路带到洛阳。

仙鹤展翅入云，一副坚贞之姿，像白居易这样的高洁之人，一定是喜欢鹤的。天竺石与华亭鹤，在白居易心目中都是最纯洁之物，为了安置它们，白居易在洛阳到处寻找有水的宅子，终于在履道坊西门内购得故散骑常侍杨凭的故宅。

白居易对这处宅子十分满意，宅子西墙下老树旁有一处碧绿的寒泉池，池畔翠竹环绕，泉水淙淙，竹影层层，实在是一处幽境。白居易打算将这里作为养老之所，一安顿下来，便立刻给好友元稹和崔群写信：

晚春寄微之并崔湖州

洛阳陌上少交亲，履道城边欲暮春。

崔在吴兴元在越，出门骑马觅何人。

与白居易交好的人都在外任，只有他一人独留东都，着实寂寞。那日天气晴好，水色鲜艳，白居易独自一人在院中小桥边闲吟踱步，明明身处明媚的春景之中，却迟迟未得好句，白居易有些失了兴致，索性回房午睡。在梦中，他见到了弟弟白行简，此时他正在长安任主客郎中。白居易与弟弟感情极好，只可惜异地为官，想见一面也是不易。

好在，东都远离京城，避免了许多朝廷纷扰。白居易可以把更多心思花在修筑新居、栽花养鹤上面，心情闲适了，寂寞也就不再难挨。

第八章

白衣卿相・欲得身心俱静好

踏一段归程

在洛阳，白居易有了属于自己的一方天地，却始终寻不到最美的风景。烟雨江南，成了他心中的执念，在归隐之前，他渴望再回到那一方净土。那里山水缠绵，万物有情，只要春暖，便有花开。

命运没有辜负白居易的执念，来到洛阳短短几个月后，朝廷再次下达诏书，任命他为苏州刺史。

从十一二岁起，白居易与苏州便结下了不解之缘。他曾在那里喝酒、赋诗、游山玩水，浸染了无限豪情。时隔四十年，白居易早已不是当初那个懵懂少年。好在，仕途的打击并没有让他一蹶不振，他反而能抱着闲适的心情，回到那个熟悉的地方，好好亲近那里的小桥流水，巷陌人家。

已是迟暮之年的白居易，并不愿继续在宦海漂游。若不是即将前往苏州这样的人间天堂，或许他已打算向朝廷告老了。此番离别洛阳，白居易并没有太多牵挂，唯独不舍的是洛阳的牡丹花。赴任之前，他特意前往城东观花，与牡丹告别。

暮春三月，落英缤纷，千朵落花如同大雪纷飞。看着自己两鬓新添的白发，白居易觉得自己的仕宦生涯也已进入"暮春"。他从未想过在这样的年纪还有重返苏州做官的机会，有些兴奋，也有些惆怅。

在洛阳，白居易没有亲友，就连前往城东赏花都是孤身一人。他的确有些寂寞，但骨子里的疏狂之气让他不愿承认寂寞。有花有酒相伴，人生便是丰盈的。对花独酌，更添诗兴，白居易当即赋诗，送给洛阳牡丹：

除苏州刺史，别洛城东花

乱雪千花落，新丝两鬓生。

老除吴郡守，春别洛阳城。

江上今重去，城东更一行。

别花何用伴，劝酒有残莺。

白居易此去苏州，与当年去杭州的路线大致相同，沿汴河东下，经淮安进入长江，终于在宝历元年（825 年）五月抵达苏州。

地处长江下游的苏州，自古便是繁盛之地。这里人口稠密，物产丰富，土地肥沃，风景宜人。少年时初临苏州，白居易便爱上了这里。那时，他曾得到苏州刺史韦应物的关照，如今，他也成为苏州刺史，更深感肩上责任重大。

得知白居易来苏州赴任，当地百姓洒扫路上尘土，热情迎接。在富甲江南的苏州城，他从政不敢有丝毫闪失。刚一到任，白居易便给身居宰辅之职的几位老友写信，以表心情：

去岁罢杭州今春令吴郡惭无善政聊写鄙怀兼寄三相公

为问三丞相，如何秉国钧。

那将最剧郡，付与苦慵人。

岂有吟诗客，堪为持节臣。

不才空饱暖，无惠及饥贫。

昨卧南城月，今行北境春。

铅刀磨欲尽，银印换何频。

杭老遮车辙，吴童扫路尘。

虚迎复虚送，惭见两州民。

　　白居易知道，自己能出任苏州刺史，多亏三位宰辅的举荐。若不是来到苏州，或许他的仕宦之心早已消退。苏州的风土民情，再一次激发了白居易从政的雄心，刚一安顿下来，他便投身到政务之中。来到苏州整整两个月，白居易才有空闲设宴款待群僚。在宴席上，他将自己勤政爱民的宗旨写成诗，以示自己恪守正义的为官之道：

郡斋旬假命宴呈座客示群僚

公门日两衙，公假月三旬。

衙用决簿领，旬以会亲宾。

公多及私少，劳逸常不均。

况为剧郡长，安得闲宴频？

下车已二月，开筵始今晨。

初黔军厨突，一拂郡榻尘。

既备献酬礼，亦具水陆珍。

萍醅箬溪醑，水脍松江鳞。

侑食乐悬动，佐欢妓席陈。

风流吴中客，佳丽江南人。

歌节点随袂，舞香遗在茵。

清奏凝未阕，酡颜气已春。

众宾勿遽起，群僚且逡巡。

无轻一日醉，用犒九日勤。

微彼九日勤，何以治吾民？

微此一日醉，何以乐吾身？

白居易素闻虎丘是吴中名胜，只要一有空闲，他便要到那里游赏一番。只不过，那里交通不便，白居易每次都要先乘船到山下，再下船走上纵横交错的田埂步行上山，十分不便，也十分劳累。

为了便利苏州水利交通，白居易率领当地百姓开凿了一条西起虎丘、东至阊门的山塘河，河长七里，人称"七里山塘"。

身为刺史，向朝廷缴纳赋税与贡品是重要职责。苏州盛产柑橘，吴县西南五十里太湖中洞庭山所产的"贡橘"是苏州最主要的贡品之一。为了巡视深秋贡橘的采摘情况，白居易特意天不亮便从阊门出发，前往太湖。

天边刚刚呈现一丝曙色，还略显苍茫。星星和月亮尚未从天边消逝，水面上还倒映着星月的微光。百姓们大多还在睡梦中，四周一片寂静。船夫摇动船桨，打破水面的宁静，在船头几盏烛火的照耀下，小船缓缓前行。

一轮红日渐渐从水面上升起，在处理公务时竟然能看到这样美好的景色，白居易实在是爱极了苏州这个地方。

柑橘丰收的时节，洞庭山满山金黄。白居易第一次见到如此盛景，金黄的贡橘映着金黄的阳光，仿佛在山顶笼罩一层金灿灿的佛光。本就崇尚佛学的白居易更觉苏州是一个人杰地灵之地，他在洞庭山整整逗留了五天，一边参与采摘贡橘，一边欣赏当地美景。

晚上，白居易就宿在船上。碧沉沉的暮色一点点压下来，格外安宁。远处的树影在霞光映衬下逐渐加深，月亮已经缓缓探出头，洒下点点银辉，上万株金黄的贡橘被月光包上一层银霜，格外可爱。

白居易喜欢这样偶尔外出劳作，暂时免去案牍之累。白天劳作了一天，晚上就在船上饮酒听曲，劳逸结合，更能激发诗兴：

宿湖中

水天向晚碧沉沉，树影霞光重叠深。

浸月冷波千顷练，苞霜新橘万株金。

幸无案牍何妨醉，纵有笙歌不废吟。

十只画船何处宿，洞庭山脚太湖心。

自从白居易担任苏州刺史，苏州比从前更显繁盛，他这才有闲暇好好逛一逛苏州的名胜古迹。在虎丘山断梁殿外石道上，有一处古真娘墓。据说，真娘本是北方的良家女子，父母双亡，安史之乱时逃难到苏州，无依无靠，被骗堕入青楼，在苏州阊门外乐云楼接客。

真娘貌美，能歌善舞，精通琴棋书画，在苏州名噪一时，虽堕入青楼，却守身如玉，立志不受侮辱。时有绅士王荫祥爱慕真娘，想与真娘春宵一度，真娘婉言拒绝，王荫祥只得重金贿赂鸨母，留宿真娘房中。真娘被逼无奈，自缢身亡，以死守身。王荫祥悲痛不已，斥资厚葬真娘，并在真娘墓上建亭纪念，植花为冢。

白居易数次游历虎丘，在此处种植桃李莲荷两千余株。每次途经真娘墓，白居易都要凭吊一番。他生平最怜惜女子，每当听说有女子遭受蹂躏、摧残，便痛心疾首。真娘的遭遇令白居易惋惜，当他看到真娘墓前荒草丛生，再想到像真娘这样如花般的女子因摧残而零落，便更是痛心。

站在真娘墓前，白居易不禁想象真娘生前的样子。她应该是个肤如凝脂、纤指如葱的娇美少女，哪里禁得起霜刀雪剑的摧残？他不明白，为什么世上美好的事物总是难以久存，上天既然让这些美好的事物降临世间，为何却又早早地将其毁灭？一想到这里，白居易便心绪难平。他欣赏真娘坚贞的个性，又惋惜一代红颜过早凋零。真娘就像塞北之花、江南之雪，来去匆匆，稍纵即逝。于是，他一遍又一遍在真娘墓前徘徊着，反复地咏叹着真娘的命运：

真娘墓

真娘墓，虎丘道。

不识真娘镜中面，唯见真娘墓头草。

霜摧桃李风折莲，真娘死时犹少年。

脂肤蒐手不牢固，世间尤物难留连。

难留恋，易销歇；塞北花，江南雪。

　　直到登船离开虎丘，白居易的心情才稍稍舒缓一些。小船渐渐驶近阊门，白居易突然想登上阊门，欣赏夕阳下的苏州。

　　虽然已是秋日，但站在阊门上远望，四周的青山依然郁郁苍苍。一缕秋日的夕阳，更为苏州增添旖旎风韵。远处的虎丘寺隐入白云之中，山间云雾缭绕，原本青翠的山峰也因此朦胧了起来。月亮升起，馆娃宫照耀在月光之下，只剩不太清晰的轮廓。月光倒映在水面上，泛出点点清光，那样迷人。

　　此情此景，都令身为苏州刺史的白居易心生自豪感。他热爱苏州的一草一木，只可惜他与苏州的缘分有限。来苏州半年多，白居易越发觉得自己身体状况大不如前，腿脚也不似从前利索，时常咳嗽，视力也有些模糊。一连在病床上躺了几日之后，白居易终于决定向朝廷请百日长假。

　　按惯例，官员告假一旦满百日，便意味着主动辞官。白居易早已不留恋仕途，趁着身体尚未彻底垮掉，他要留给自己一段自由的时光，好好享受一下人生。

四海之内，再无旧朋

苏州的山水再美，终究是异乡景致。解除了官职的白居易继续留在苏州，则成了身在异乡的异客。自从他向朝廷告假，转眼已过百日，苏州也迎来了荷花飘香的六月。

六月初三的夜晚，白居易听到了这一年的第一声蝉鸣。蝉鸣唤醒了乡愁，彻底驱散了睡意。他忽然有些想念洛阳的家，那座位于履道坊的宅子里，此刻应该也有蝉在彻夜鸣叫吧？一年多没有回去过，不知道那座宅子如今变成了什么样。

白居易住在洛阳宅邸时，最喜欢在月光下的池水里划船赏月，也不知道自从他离开后，有没有人像他一样在月下划船了。

病中之人本就多疑多思，孤独感越发强烈。白居易从未像此刻这样想念洛阳，或许，是到了该回去的时候了。

在苏州将养许久，白居易的病情渐有起色，便决定重返洛阳定居。临行之日，苏州百姓倾城出动，为白居易送行。当年杭州百姓为他送行的壮观场面再次上演，百姓们为他摆下送行酒，又一路将白居易送上船。白居易站在船上向苏州百姓拱手行礼，百姓们则一直跟在船后送行，走了很远的路程，依然不肯离去。

苏州百姓的盛情让白居易感动不已，他自惭没有别的本领，唯有用诗歌表达谢意：

别苏州

浩浩姑苏民，郁郁长洲城。

来惭荷宠命，去愧无能名。

青紫行将吏，班白列黎氓。

一时临水拜，十里随舟行。

饯筵犹未收，征棹不可停。

稍隔烟树色，尚闻丝竹声。

怅望武丘路，沉吟浒水亭。

还乡信有兴，去郡能无情。

船行至扬州，白居易与奉旨调回洛阳的刘禹锡偶遇。当年，刘禹锡因永贞革新遭贬，到如今已时隔二十三年。回想当年事，白居易与刘禹锡皆是唏嘘不已。对于刘禹锡的遭遇，白居易深表同情。在他心目中，刘禹锡无论诗品还是人品皆是一流，这样一位具有雄才大略的人物，竟然贬谪远郡长达二十多年，如何不令白居易惋惜？

他们结伴同游扬州，诗酒唱和。借着醉意，白居易为刘禹锡赠诗：

醉赠刘二十八使君

为我引杯添酒饮，与君把箸击盘歌。

诗称国手徒为尔，命压人头不奈何。

举眼风光长寂寞，满朝官职独蹉跎。

亦知合被才名折，二十三年折太多。

因为彼此欣赏，才能无拘无束地把酒言欢。聊起过往，更多的是无奈。命运压在头上，让人不得不屈服。即便像刘禹锡这样优秀的人，也无法改变坎坷的命运。别人风光时，唯有他寂寞孤独，无奈地任由岁月蹉跎。白居易一想到这些，便无比愤怒，对于当今的朝廷，他有太多失望，可惜过去的岁月无法重来，纵然他想为刘禹锡打抱不平，也再不能让刘禹锡回到那个意气风发的年代了。

人的一生能有几个二十三年？如今的刘禹锡虽然即将任职东都尚书省，可戕害人才的统治者还在，刘禹锡又能有多大作为呢？

所谓知音，便是懂得彼此的内心。刘禹锡无须多言，也用一首诗回赠白居易：

酬乐天扬州初逢席上见赠

巴山楚水凄凉地，二十三年弃置身。

怀旧空吟闻笛赋，到乡翻似烂柯人。

沉舟侧畔千帆过，病树前头万木春。

今日听君歌一曲，暂凭杯酒长精神。

刘禹锡希望白居易知道，经历过仕宦升沉的自己，依然是胸襟豁达、坚定乐观的。与此同时，他也在讲述一个真理：

新事物必将取代旧事物。在如今的朝廷中，像他和白居易这样的人，都已是"旧事物"了。

二十三年来，刘禹锡一直谪居在巴山楚水这荒凉的地区。如今归来，听闻许多老友都已去世，只能徒然吟诵"闻笛赋"表示哀悼而已。物是人非，恍如隔世，旧日的光景再难寻觅，刘禹锡却似乎早已看开，反而劝慰白居易，不必因自己的寂寞、蹉跎而忧伤。若是一味消沉，受伤的只是自己，不如相互勉励，振奋精神，重新投入生活。

刘禹锡早就听说白居易在苏州的善政，与其聊那些令人郁闷的话题，不如夸一夸白居易的为政之举：

白太守行

闻有白太守，抛官归旧谿。

苏州十万户，尽作婴儿啼。

太守驻行舟，阊门草萋萋。

挥袂谢啼者，依然两眉低。

朱户非不崇，我心如重狴。

华池非不清，意在寥廓栖。

夸者窃所怪，贤者默思齐。

我为太守行，题在隐起珪。

一番话夸得白居易有些惭愧，他自认为在苏州担任刺史期间，所做的一切都是分内之事，谈不上善政，既不值得苏州百姓为自己洒泪送行，亦不值得刘禹锡如此称赞。于是，他以诗酬谢刘禹锡：

答刘禹锡白太守行

吏满六百石，昔贤辄去之；

秩登二千石，今我方罢归。

我秩讶已多，我归惭已迟。

犹胜尘土下，终老无休期。

卧乞百日告，起吟五篇诗。

朝与府吏别，暮与州民辞。

去年到郡时，麦穗黄离离；

今年去郡日，稻花白霏霏。

为郡已周岁，半岁罹旱饥。

襦袴无一片，甘棠无一枝。

何乃老与幼，泣别尽沾衣？

下惭苏人泪，上愧刘君辞！

在白居易看来，此时辞官没有什么可惜，总好过终老于朝堂之上。他与刘禹锡在扬州同游半月之久，之后才继续结伴而行，诗酒唱和之间，全然不觉旅途劳顿，一路返回洛阳。

解去官职的白居易，在洛阳宅邸度过了一段踏实的日子。一日，白居易午睡时突然做了一个梦，梦中他被贬谪到岭南，正在雨中泥泞的山路上艰难行走，梦到这里便戛然而止。从梦中惊起的白居易在床榻上呆坐了许久，始终参不透梦境的寓意。他隐隐觉得，或许自己高兴得太早了，彻底远离朝堂的日子还没有真正到来，说不定有一天又要被朝廷召回去，继续在宦海泥泞中挣扎。

白居易的梦很快便会应验，京城皇宫里，一场变故即将发生。

自从唐敬宗继位，在玩乐上的花费已经超过国家运转经费的一半。他喜欢打马球，便要求禁军将士、三宫内人都要参与，还在宫中举行了一场体育盛会，甚至有宫人、教坊、内园人员骑着驴打马球，直到夜里一二更方才散去。

唐敬宗喜欢打猎，尤其喜欢深夜里带人捕狐狸取乐，宫中称之为"打夜狐"，甚至有宫中宦官因为"打夜狐"配合不好而被削职。满朝上下为此心生怨愤，唐敬宗却浑然不觉。

宝历二年（826年）十二月初八，唐敬宗又一次出去"打夜狐"，回宫之后兴致不减，又与宦官刘克明等二十八人饮酒。饮至酒酣耳热之时，唐敬宗入室更衣，刘克明等同谋趁机将十七岁的唐敬宗谋害，又伪造遗旨，欲迎唐宪宗之子绛王李悟入宫继位。

两天之后，宦官王守澄、梁守谦指挥神策军入宫，杀死刘克明和绛王李悟，拥立唐穆宗次子李涵为帝。李涵继位后改名李昂，是为唐文宗，改年号为"太和"。

太和元年（827年），白居易再次收到朝廷诏书，至长安任秘书监，配紫金鱼袋，朝服也从红色换成三品以上官员才配穿着的紫色。第二年，白居易转任刑部侍郎，封晋阳县男。与此同时，刘禹锡也从东都调回长安，任主客郎中。

这年春日，杏花开时，白居易与刘禹锡同游曲江，又在杏园花下设宴款待刘禹锡。辗转二十四年，刘禹锡终于重返京城，可不知为何，那一日的他看上去却有些惆怅。

十三年前，刘禹锡的一句"玄都观里桃千树，尽是刘郎去后栽"惹怒了当权者，让刚刚被召回京城的他又即刻遭贬，那时的刘禹锡，从骨子里散发着讽刺权贵的精神。他少年得志，虽然与白居易同龄，中进士的时间却要早得多。在白居易做校书郎的时候，刘禹锡已经走进权力的中心。可再看如今，刘禹锡年岁已老，官职却不高，许多比他资历低上许多的官员，官职却比他高上许多。

白居易理解刘禹锡的心情，虽然时隔二十四年，刘禹锡终于重返京城，可是那荒废的二十四年青春，却再也不会回来了。白居易不愿说太多安慰的话，便将千言万语凝练成一首诗，送给刘禹锡：

杏园花下赠刘郎中

怪君把酒偏惆怅，曾是贞元花下人。

自别花来多少事，东风二十四回春。

人生苦短，惆怅的又何止刘禹锡一人？如今的白居易，已经是一名五十七岁的老人，疾病缠身，实在不愿在朝堂上苦苦挣扎。太和三年（829 年）春，白居易因病改授太子宾客分司，终于能够离开长安，返回洛阳。

同年九月，元稹入朝为尚书左丞。他本打算整顿政府官员，肃清吏治，可惜人心不服，又遭到当权的李宗闵排挤，第二年正月便被迫出为检校户部尚书，兼鄂州刺史、御史大夫、武昌军节度使。

就在元稹离京之后的第三个月，白居易改任河南尹。转年七月，噩耗传来，元稹因暴病在镇署去世，时年五十三岁。

白居易犹如遭受晴天霹雳，痛哭失声。他生命中最重要的朋友，从这个世界上彻底消失了。没有了元稹，以后自己写诗给谁看？在元稹的灵堂前，白居易痛哭失声，扶着元稹的灵柩，写下《哭微之》：

八月凉风吹白幕，寝门廊下哭微之。
妻孥朋友来相吊，唯道皇天无所知。

文章卓荦生无敌，风骨精灵殁有神。
哭送咸阳北原上，可能随例作灰尘？

今在岂有相逢日，未死应无暂忘时。
从此三篇收泪后，终身无复更吟诗。

知己已死，人生无趣。白居易自从送别元稹灵柩，再无闲情雅趣，仕宦之心越发淡泊。或许是因为过于悲痛，身上的病痛越发严重，又患上风痹之症，这一切都在提醒他，自己真的是一名风烛残年的老者了。

甘露泣血

病中少眠，偏又多梦。一场夜雨刚停，从梦中醒来的白居易再无睡意，披衣走出卧房，独自立在庭院中，任思绪纷乱。

初秋雨后的夜晚，已能感到寒冷。枫叶比人更早能感知到秋日来临，早早便染上一层薄红。鸟儿躲在层层红叶背后避风，睡得正香。眼前的一切，白居易都想写进诗句里，然而一首诗吟罢，不知何时流下的泪已打湿了花白的胡须。

他吟诵的是二十年前写的一首旧诗，当时与他诗句唱和的人，几乎都已离世。尤其是元稹，他的死对白居易造成巨大的打击，久久都无法缓过神儿来。

旧日友人相继离世，独留在世上的白居易越发觉得人间寂寞。那些已经离去的人，曾经意气风发，渴望有所作为，也曾在朝堂上争名夺利，或身居高位，或贬谪远郡。生前浮沉，死后都化作一抔尘土，既然最终的归宿只有一处，又何必在乎有生之年的短暂荣耀？白居易的仕宦之心彻底淡泊了，不再以政事为念，更愿从诗酒弦歌中寻找些许欢乐。

他越发觉得亲情重要，与家人团聚更令白居易心安。为官多年，他一门心思放在政事上，总是忽略家人。如今身居闲职，分司东都，白居易时不时便将家人聚在一处宴饮，尽享天伦之乐。

那日晚上，一场家宴随着凉夜的来临散去。白居易独自踏着美丽的月色，从平桥上走回卧房。他觉得今晚的小宴结束得正是时候，追凉而散，心情沉浸在微凉的初秋之夜，那样惬意，诱发诗兴：

宴散

小宴追凉散，平桥步月回。
笙歌归院落，灯火下楼台。
残暑蝉催尽，新秋雁戴来。
将何还睡兴，临卧举残杯。

笙歌停止，灯火熄灭，白居易还有些意犹未尽。与家人团聚的夜晚总是愉快的，残留的暑气已在蝉鸣中消失，南飞的大雁带来了一个新的秋天。回到卧房的白居易没有感受到睡意，便将家宴中剩下的酒拿回卧房，自斟自饮，以酒助眠。

人生已步入晚年，白居易越发享受闲适的生活。用山水风月歌颂诗酒琴歌，精神世界富足了，便也不觉得寂寞。

此时的朝廷，依然腐败，宦官专权，赏罚失度。李宗闵与李德裕之间的朋党之争越发激烈，两党之间互相排挤，官员朝升暮黜，就连唐文宗也无可奈何。

白居易不愿介入党派之争，更不愿与宦官集团同流合污，还多次呼吁"箴时之病，补政之缺"，可惜无人采纳，反而令他更遭排挤，只能在老病缠身的年纪，身居河南尹这样卑微的官职。

冬日已近，家人早早为白居易准备好过冬的棉衣。棉衣的衣料光滑如同水波，丝料绵软匀细，既温暖又轻盈，即便是晚上披着它踏雪步行也不会觉得冷。

白居易十分喜欢这件冬衣，觉得既舒适又实用，比那些华而不实的鹤氅和木棉好上太多。只是，穿着这样的衣服，白居易依然无法安睡到天明。因为还有许多贫苦百姓处于饥寒交迫之中，只有自己一个人能吃饱穿暖的滋味并不好受。白居易纵然远离朝堂，却一刻没有忘记百姓的艰难。他的耳旁时常响起贫民冻馁饥饿之声，那是日夜为贫寒百姓思虑导致的幻觉，他甚至期盼能有一件万丈长的保暖衣，一下子能盖住整座洛阳城的百姓，再也无人遭受饥寒之苦，那该有多好。

太和七年（833年），白居易再一次感到身体每况愈下，他被免去河南尹的职务，再任太子宾客分司。整整两年，白居易都在这一闲职上安心养病，直到太和九年（835年），朝廷下诏，任命他为同州刺史。

同州乃是京畿门户，咽喉要地，俸禄丰厚，可白居易却委婉辞去任命，不打算赴任。身边为数不多的好友皆奉劝白居易赴任，太子宾客分司这样的闲散官职，官俸微薄，供养一家老小太过勉强。更何况，替京城把守"大门"，是何等重要的职务？

白居易却已无心在官职上一争高下，他不赴任的原因，一首诗便能说尽：

诏授同州刺史病不赴任因咏所怀

同州慵不去，此意复谁知。

诚爱俸钱厚，其如身力衰。

可怜病判案，何似醉吟诗？

劳逸悬相远，行藏决不疑。

徒烦人劝谏，只合自寻思。

白发来无限，青山去有期。

野心惟怕闹，家口莫愁饥。

卖却新昌宅，聊充送老资。

无论是官职升迁还是俸禄丰厚，白居易都不感兴趣了。如今他年老体衰，与其在高位上摸爬滚打，不如醉卧乡间，吟诗取乐。别人无论如何劝说，白居易都不心动，他如今只遵从自己的内心，怎么快乐，便怎么活着。

至于养活一家老小，白居易并不担忧。他在新昌还有一处宅子，打算将其卖掉。得来的钱一部分用来养家糊口，一部分就留作自己养老送终的棺材本儿吧。

辞去同州刺史的职务，白居易被改任太子少傅，分司东都，封冯翊县侯。闲来无事，他便去山中游逛。逛至一处竹林，从浓密的竹叶后面传来了棋子落下的声音。那声音无比清幽，在静谧的竹林里听来仿佛天籁。白居易几步走上前去，透过竹叶，发现是两名僧人在对坐下棋。

深山中的僧人本就与世无争，坐在竹荫下下棋，更有一种纤尘不染的高贵洁净之感。曾经，白居易也想归隐山林，远离朝市纷争，潜心礼佛，只求内心安宁。如今，他反而不刻意追求归隐了，只要让心静下来，在何处都是修行。

离开竹林，白居易信步走到一处莲池边。池中莲花盛开，挨挨挤挤的莲花看得人心情愉悦，突然一阵轻微的水声传来，几不可闻，却没逃过白居易的耳朵。不远处一个小孩子撑着船，兴高采烈地在池中偷采莲花，一看便是瞒着家里大人悄悄溜出来了。因为采到莲花，小孩子得意忘形，甚至忘了隐藏自己的踪迹，大摇大摆地划着小船往回走。水面上浮萍被船划开一道明晃晃的痕迹，小孩子还浑然不觉，白居易顿觉有趣，这才是有血有肉的真实人生。

而不远处的京城，朝堂之中正在上演一场又一场明争暗斗。白居易的舅兄杨虞卿深得李宗闵信任，李宗闵登上宰相之位，便将杨虞卿提拔为工部侍郎。太和九年（835 年）四月，杨虞卿又拜京兆尹。

然而短短两个月后，京城中传言，工部侍郎郑注打算用小孩子的心肝为皇上炼制金丹，在民间抓捕了不计其数的小孩子。谣言一时间传得沸沸扬扬，家家户户闭门锁户，生怕自己孩子被掳走。

唐文宗得知此事十分不悦，郑注也因此惴惴不安。御史大夫李固言素来与杨虞卿一党不睦，他对唐文宗说，经过探查，谣言的出处是京兆尹府，是被那里的下人散布出去的。唐文宗大怒，立刻将京兆尹杨虞卿下狱。杨虞卿的弟弟杨汉公和儿子杨知进等八人得知后，一同自请入狱，并击登闻鼓鸣冤，杨虞卿这才被放回家，第二天又被贬为虔州（今江西省赣州市）司马。

曾经，杨虞卿劝白居易赴任同州刺史，如今短短几个月过去，杨虞卿自己就成了贬谪之臣。官员升迁，还不是朝廷一纸诏书便能决定？谁升谁贬，都与白居易无关了，这个世间，宠辱无常，索性都不要去关注了。那些听说过的事情，就当没听说一样好了。唯一让白居易感兴趣的，是今年洛阳庄稼丰收，百姓都能吃上饱饭，这便足够令他欣慰了。

有时候，白居易也庆幸自己没有济世之才。身居要职，更容易招致灾祸。像他这样在散地闲居，才不至于引火烧身，落得安闲自在。

可惜，身居高位之人，永远不懂得满足，总要你争我抢，搞得你死我活。

自从唐文宗继位以来，一直想铲除宦官势力，夺回政权。他将底层官员郑注、李训提拔为御史大夫和宰相，让他们成为自己的心腹，为铲除宦官之事出谋划策。

郑注和李训建议在宦官之间制造矛盾，任命王守澄的部下仇士良为左神策中尉，掌管一部分禁军，以此削弱王守澄的军权，之后再逐渐将王守澄的兵权彻底削去，最终令王守澄饮毒酒自尽。

在合力铲除宦官的同时，郑注与李训也开始争功。太和九年（835年）九月，李训升任宰相，同时将郑注派去凤翔任节度使。李训这样做别有用心，打算除掉宦官之后，立刻再除掉郑注。

原本，郑注和李训商议，自己一到凤翔上任，便立刻挑选几百名壮士，每人携带一根白色棍棒，怀揣一把利斧，作为亲兵，在埋葬王守澄时，由郑注奏请唐文宗率亲兵护卫葬礼，同时请唐文宗命神策军护军中尉以下所有宦官都到河边为王守澄送葬。到时候，由郑注下令关闭墓门，命亲兵用利斧将宦官全部诛杀。

计划已经订好，可李训担心一旦计划成功，功劳全部归郑注所有。于是，他让自己的心腹官员私下招募亲兵，打算在京城中先郑注一步诛杀宦官，之后便将郑注除掉。

同样是在这一年的十一月二十一日，唐文宗正与百官在紫宸殿早朝。在李训的安排下，左金吾卫大将军韩约突然奏称，左金吾仗院内石榴树夜生甘露，是祥瑞之兆。李训等人劝唐文宗亲自前往观看，唐文宗走到含元殿，命宰相及中书、门下两省官员前去视察，众人回来后却奏称那并非真正的甘露。

计划进行到这一步，唐文宗便刻意派仇士良等一众宦官前去查验。李训事先在那里埋伏好甲兵，只等伏杀宦官。

仇士良等人抵达仗院内，看到一旁的韩约神色惊慌。突然一阵风吹来，掀开周围的帘布，仇士良一眼便看见帘布后面有人埋伏，又听到兵器相撞之声，立刻返回含元殿挟持唐文宗回内殿。李训立刻命金吾军上前护驾，然而只有少数宦官被杀，唐文宗依然被宦官挟持走了。

仇士良挟持唐文宗返回内殿，立刻派出五百名神策军砍杀众大臣，一场精心策划的行动就这样因为李训与郑注争功而仓皇落败。李训虽逃出长安，最终还是被捕杀，仇士良又密令凤翔监军诛杀郑注。

这一场事变中，死者数以千计，李训党羽多人被捕杀，宰相王涯、舒元舆等人被腰斩。这些官员的亲属，无论关系远近皆被处死，就连孩子也不放过，他们的妻女则沦为官婢。

宦官们认为唐文宗早就知晓这一计划，更加不满。从此，唐文宗更受宦官压制，郁郁寡欢。这一场惨绝人寰的事变，史称"甘露之变"。

人间一夜变白头

　　宫廷喋血的那一日，白居易正独自在香山寺游赏。直到第二日，"甘露之变"的消息才传到洛阳。白居易听闻的那一刻，几乎震惊得无法言语。与此同时，他也庆幸自己急流勇退，避开了朝廷里的政治风波，也避开了杀身之祸。

　　没有人能对即将发生的凶险未卜先知，这一场血腥屠杀中，朝中许多正直人士也不幸罹难。他们的死令白居易悲哀，身为国之重臣被无端杀害，还不如做个老百姓自得其乐。"甘露之变"第二日，白居易将自己的震惊与悲痛写进诗中：

九年十一月二十一日感事而作

　　祸福茫茫不可期，大都早退似先知。
　　当君白首同归日，是我青山独往时。
　　顾索素琴应不暇，忆牵黄犬定难追。
　　麒麟作脯龙为醢，何似泥中曳尾龟。

　　祸福难料，不如及早远离朝堂。自那以后，白居易安心身居闲职，再不过问朝堂之事。他的好友刘禹锡因为身在外任，也是这场事变中的幸存者。开成元年（836年），刘禹锡改任太子宾客、秘书监，分司东都，白居易身边终于有好友相伴。

他们二人都曾在政治上遭遇冷遇，如今又共同在洛阳担任闲职，阅尽了人世沧桑的两位挚友，也一同经历过政治忧患，几十年宦海沉浮，反而让他们更加心心相印。

算算年纪，两人都已是古稀之年。他们不知道自己的余生还剩多少，只能在有限的岁月里尽情畅饮，快意人生。

那日，白居易与刘禹锡又相约畅饮，沽酒时，一对好友为了付酒钱争得不可开交。白居易不禁失笑，年轻时，他们都不知道为生计而忧愁，到老了，谁又能在乎这区区十千钱的酒钱？好不容易把酒打好，两人在桌旁对坐，却谁都没有先端起酒杯，反而看着彼此的面容，久久无言。

他们彼此眼中，都是一张饱经沧桑、皱纹横生的脸。白居易与刘禹锡同龄，今年都是六十七岁，完全称得上是白发苍苍的老人了。他们亲切地端详着彼此，感慨万千。他们就像彼此的一面镜子，年少时一样意气风发，仕途上一样波折坎坷，到了晚年的境遇竟然也如此相似。千言万语，都在无言的凝视和微笑中说尽了，无数复杂的情感，也都凝结在眼角晶莹的泪滴中。

最终，两人同时端起酒杯，自嘲着年纪越大越脆弱。白居易提议引经据典行行酒令，既能消磨时光，又不辜负二人的满腹经纶。

丝竹管弦之中，白居易与刘禹锡饮酒行令，不亦乐乎。这样快乐的时光实在让人太眷恋，二人约好重阳节再聚，那时家酿的菊花酒已熟，比外面卖的酒更香醇，也更能解忧愁。

人生愁苦，世事艰难，唯有深厚的友情与醇香的美酒能让人忘却哀伤，体会陶然之趣。转眼，白居易调回洛阳已近十年。除夕夜，天黄欲雪，一顿年夜饭过后，白居易喝得微醺，靠着枕头，傍着暖炉，慵懒得昏昏欲睡。

光阴不疾不徐流淌，当年文采斐然的"白衣卿相"，最终也没能登上相位。好友们皆为白居易愤愤不平，白居易却享受这醉酒当歌的生活。他知道，自己已经被现世所遗忘，闲居洛阳，不过是在养老。无论昔日英明如何，他都已经是朝中多余的那个人了。

自从患上风疾，病痛便常伴随白居易左右。他的身形越发消瘦，当年的旧衣衫穿在身上，竟宽松委地，好像随时都能从身上滑落。面对疾病、衰老、人生、死亡，白居易早已学会自我宽慰，甚至能用诗句自我排解：

老病相仍以诗自解

> 荣枯忧喜与彭殇，都似人间戏一场。
> 虫臂鼠肝犹不怪，鸡肤鹤发复何伤。
> 昨因风发甘长往，今遇阳和又小康。
> 还似远行装束了，迟回且住亦何妨。

天气回暖，白居易的风疾便能稍稍缓解。年老体衰，想要彻底痊愈是不可能了，昔日好友已相继离世，白居易带着病痛独活在世上，实在寂寞。

那天梦里，他又见到了元稹。他们在梦中携手同游，意气风发地畅谈天下大事，痛斥官场污浊。忽然梦醒，泪水早已打湿绢帕。白居易任由老泪纵横，无心擦拭。当年，元稹曾在诗中对他说："我今因病魂颠倒，唯梦闲人不梦君。"那时的白居易还以为，在梦中见不到挚友是最伤感的事情。如今梦中重逢元稹，白居易才知道，原来梦见故人，醒来却不得见，才最痛彻心扉。

今生今世，他与元稹再无重逢的可能了。活着的人，只能一遍遍回忆逝去的时光，每一次回忆，无奈与忧伤都更加深一层。

元稹离世已经九年，白居易漠然地看着野草春生秋枯，一次又一次，不知野草还要荣枯多少次，自己才能身赴黄泉与元稹见面。元稹逝去的肉身，想必已经化成泥沙。暂时寄住在人间的白居易，也已白发满头，可惜，他的生老病死，元稹再也不能参与。

元稹的儿子和女婿都已相继离世，不知身在黄泉的元稹知道不知道。从梦中醒来的白居易满怀痛苦，打算写首诗送给黄泉下的元稹，对他讲一讲人间的事情：

梦微之

夜来携手梦同游，晨起盈巾泪莫收。

漳浦老身三度病，咸阳宿草八回秋。

君埋泉下泥销骨，我寄人间雪满头。

阿卫韩郎相次去，夜台茫昧得知不？

高寿的长辈目睹晚辈的逝去，亲眼看着来者变成去者，白居易心底何等荒凉？他的风疾总是反反复复，恐怕余生都不能远游了。好不容易赶上风疾缓解，七十岁的白居易只身前往香山寺，晚上便借宿在寺院里。这里是他十二年来经常拜访的地方，以前还有二三好友相伴，以后恐怕他也没有多少机会再来了。年过七旬的老人，即便风疾不复发，也应该在家中多休养，不适合登山远行了。

其实，此时的白居易并非孑然一身。人到晚年，又结识了几位志趣相投的朋友，侍御史卢子蒙便是其中之一。

那一日，白居易翻阅卢子蒙的诗集，发现里面不少诗篇是赠给元稹的。此时距离元稹离世已过去整整十年，白居易一阵心酸难耐，迅速把诗集翻到最后，浓墨和着热泪，在诗集的空白页上写下一首诗：

览卢子蒙侍御旧诗多与微之唱和感今伤昔因赠子蒙题于卷后

> 昔闻元九咏君诗，恨与卢君相识迟。
>
> 今日逢君开旧卷，卷中多道赠微之。
>
> 想看泪眼情难说，别有伤心事岂知？
>
> 闻道咸阳坟上树，已抽三丈白杨枝。

会昌元年（841年），白居易罢太子少傅，朝廷的俸禄也停了。分司东都十三年，白居易如今已是七十岁高龄。回想这几年，白居易觉得自己过得太悠然了，不是结伴出游，便是去山寺中拜访僧人，已经有两年多没有过问家里的事情了。庭院里的草长高了，他也顾不上叫人去修剪，家里不是厨房缺米少盐，就是婢女又缺了换季的衣裳。妻子、儿女、外甥都为此不高兴，白居易却整日沉醉于诗酒中，陶然世外。

如今风烛残年，不得不考虑身后事了。那一日，他将妻儿、外甥叫到身边，向他们交代遗嘱。白居易为官多年，所置产业不多，他已细细规划好，让家人先将南坊的十亩园卖掉，之后再卖洛阳的五顷田地，最后再卖居住的宅子，一共能卖二三千缗钱。这些钱一半留给他们，另一半留给自己。像他这样正疾病缠身的人，恐怕这些钱还没有用完，便一命呜呼了。即便钱用完了还没有死去，那也无所谓，活到这样的岁数，对生死和金钱的态度早就豁达了。

会昌二年（842 年）七月，噩耗传来——刘禹锡去世了。白居易再一次失去了与自己志同道合的老战友，在他看来，刘禹锡的死，是朝廷和百姓的损失。白居易强忍悲痛，为刘禹锡写下两首悼亡诗：

哭刘尚书梦得

其一

四海齐名白与刘，百年交分两绸缪。

同贫同病退闲日，一死一生临老头。

杯酒英雄君与操，文章微婉我知丘。

贤豪虽殁精灵在，应共微之地下游。

其二

今日哭君吾道孤，寝门泪满白髭须。

不知箭折弓何用？兼恐唇亡齿亦枯！

窅窅穷泉埋宝玉，骎骎落景挂桑榆。

夜台暮齿期非远，但问前头相见无。

　　白居易自认与刘禹锡是唇齿相依之情，刘禹锡与元稹如今终于可以在黄泉相见了，他这个独留人间的白头老翁，或许不久的将来也会与他们在地下重逢。

　　会昌四年（844年），白居易以刑部尚书致仕，领取半俸。他素来崇尚"穷则独善其身，达则兼济天下"，虽然俸禄不多，还是拿出大部分积蓄，开挖龙门一带阻碍舟行的石滩。

　　开挖龙门石滩是白居易一直以来的心愿，即便他再无官职，薪俸微薄，还是要为百姓做些实事。原来那些利如剑刃的礁石全部被削平，宽阔的水面终于能任由小舟飞驰，白居易心中何等畅快？只是，完成这最后的心愿之后，白居易的身体开始每况愈下。

　　会昌六年（846年）八月十四日，白居易在洛阳离世，享年七十五岁。唐宣宗李忱得知白居易去世，无比悲痛，追赠他为尚书左仆射，又挥毫泼墨，写下悼亡诗：

缀玉联珠六十年，谁教冥路作诗仙？
浮云不系名居易，造化无为字乐天。
童子解吟长恨曲，胡儿能唱琵琶篇。
文章已满行人耳，一度思卿一怆然。

后　记

白居易在临终那一年，用一首诗总结了自己的人生：

自咏老身示诸家属

寿及七十五，俸沾五十千。夫妻偕老日，甥侄聚居年。粥美尝新米，袍温换故绵。家居虽濩落，眷属幸团圆。置榻素屏下，移炉青帐前。书听孙子读，汤看侍儿煎。走笔还诗债，抽衣当药钱。支分闲事了，把背向阳眠。

对于自己的一生，白居易大抵还算满意。虽不曾登堂拜相，至少也算是衣食无忧，阖家团圆。抛开政治上的建树不谈，白居易对中国古代诗歌界的影响无疑是巨大的。

他曾说："文章合为时而著，歌诗合为事而作。"这便是他一生奉行的诗歌主张，重写实，尚通俗，强调讽喻，既要真实可信，又要浅显易懂，还要便于入乐歌唱，才算得上极致。

白居易的诗，为君、为臣、为民、为物、为事而作，绝不为了作诗而作诗。因为出身贫寒，白居易更能伤民病痛，他的讽喻诗，更多是为了反映民生疾苦，将民情上达天听，渴望让皇帝体察民情，让政治日趋光明。

从白居易的诗歌风格，便可看出他品性的耿直。在唐代，白居易是仅次于李白与杜甫的伟大诗人，他留下的诗歌数量之所以能居唐人之冠，也与他丰富的人生经历有关。

七十五年人生，白居易走得精彩纷呈。因为"三科登第"，他成了科考场上的传奇人物。一步入仕途，便成为翰林学士。就在人们以为他将一路畅通无阻地步步高升的时候，他又因为刚正不阿的秉性直言进谏，惨遭贬谪。然而成为地方官，反而给了白居易亲近百姓心灵的机会。

一个富有情趣的人，总能将人生过得多姿多彩。因为嗜酒，他便亲自去酿，还要酿得比市售的酒更香醇，还专门为自酿的酒作诗：

开坛泻樽中，玉液黄金脂。

持玩已可悦，欢尝有余滋。

一酌发好客，再酌开愁眉。

连延四五酌，酣畅入四肢。

他喜欢以诗入乐，家中便专门养了十几名歌妓以自娱，其中最出名的便是小蛮和樊素。白居易曾用诗句描述她们二人俊俏的容颜："樱桃樊素口，杨柳小蛮腰。"他对樊素与小蛮的喜爱，与爱情无关，只出于欣赏，甚至将她们当作女儿般疼爱。

六十多岁时，白居易患上风疾，半身麻痹，担心自己时日无多，便卖掉自己的好马，让樊素离开他去嫁人。然而，那匹马反顾而鸣，不忍离去，樊素也伤感落泪，舍不得白居易。直到白居易七十多岁时，樊素和小蛮才离开。白居易也曾将对她们的思念写入诗中：

两枝杨柳小楼中，婀娜多年伴醉翁。
明日放归归去后，世间应不要春风。
五年三月今朝尽，客散筵空掩独扉。
病与乐天相共往，春同樊素一时归。

他爱藏书，数量颇丰，专门建有藏书楼，名曰"池北书库"，还专门以自己的藏书为基础，编撰了一部词语佳句类书《白氏经史事类六贴》。据说，他在编撰此书时，"以陶家瓶数千，各题门目，作七层架，列置斋中。命诸生采集其事类，投瓶中。倒取之，抄录成书"（宋代黄鉴著《杨文公谈苑》）。

白居易的诗歌，仿佛有一种天然的魔力，世人能从他的诗句中读出道德的力量，仿佛在借用他的眼睛，看透世态炎凉以及真实的人性。白居易的世界，是黑白分明的，即便是知己兄弟身居高位，也绝不巴结逢迎。当朋友落魄时，他又能伸出援手。

他的至情至性，至纯至洁，让他在泥泞的人生中向阳而生。很少有人像白居易一样，经历过贫穷、战乱、饥荒、贬谪，却毫不沉郁，依然具有极强的生命力。他始终活在自己的原则里：面对邪恶，必用言语抨击；面对中伤，依然我行我素。朝堂淤泥中，他是纤尘不染的莲花；党派之争中，他是居于中间的调和者；困境之中，他诗酒人生，活得快意潇洒；忧患来临，他超然世外，不染凡尘。

只不过，终其一生，白居易依然没有勇气彻底从凡尘俗世中脱离。他曾渴望归隐佛门，却一直有济世之心。这或许是白居易一生中唯一矛盾纠结的地方，只因他的使命感与责任感太过强烈，永远以国家兴亡与百姓民生为己任。

希望这本书，能将白居易伟大的人生勾勒完整。白居易生活的年代已经过去，但"诗魔"的内心世界太丰富，有太多东西值得探索与回味。